ZIVILRECHTLICHE UND PROZESSRECHTLICHE ABHANDLUNGEN

HERAUSGEGEBEN

VON

DR. WILHELM KISCH
PROFESSOR AN DER UNIVERSITÄT STRASSBURG.

HEFT IV.
F. SIMON, DIE SCHADENSERSATZANSPRÜCHE.

STRASSBURG.
VERLAG VON KARL J. TRÜBNER.
1913.

DIE SCHADENSERSATZANSPRÜCHE
BEI KÖRPERVERLETZUNG UND TÖTUNG IM ZWEIKAMPF.

VON

DR. FERNAND SIMON.

STRASSBURG.
VERLAG VON KARL J. TRÜBNER.
1913.

DEM ANDENKEN MEINES LIEBEN VATERS.

VORBEMERKUNG.

Die folgende Abhandlung wurde der rechts- und staatswissenschaftlichen Fakultät der Kaiser-Wilhelms-Universität Strassburg als Dissertation vorgelegt und auf Grund eines Referats des Herrn Professor Dr. von Tuhr am 7. Dezember 1912 genehmigt.

DER VERFASSER.

INHALTS-ÜBERSICHT.

Verzeichnis der benutzten Literatur.

„Begründung" zum „Vorentwurf zu einem Deutschen Strafgesetzbuch" Berlin 1909.

„Begründung" zum „Gegenentwurf zum Vorentwurf eines Deutschen Strafgesetzbuchs" Berlin 1911.

Binding: Handbuch des Strafrechts Bd. 1, Leipzig 1885.

Binding: Lehrbuch des gem. deutschen Strafrechts. Bd. 1, 2. Aufl., Leipzig 1902.

Binding: Der Zweikampf und das Gesetz. Vorträge der Gehe-Stiftung, Dresden 1905.

Cohn: Untersuchungen zu § 254 des B.G.B. b. Gruchot, Bd. 43, 1899.

Crome: System des Deutschen Bürgerlichen Rechts, Bd. 1, 1900.

Graf zu Dohna: Die Rechtswidrigkeit, Halle 1905.

Enneccerus: Lehrbuch des bürgerlichen Rechts, Bd. 1, Abtl. 1, 4. und 5. Aufl., Marburg 1910.

Fischer: Die Rechtswidrigkeit mit bes. Berücksichtigung des Privatrechts in Fischers Abhandl. z. Privatrecht und Zivilprozeß, Bd. 21, Heft 2, 1911.

Frank: Das Strafgesetzbuch f. d. Deutsche Reich; Kommentar, 5.—7. Aufl., 1908.

Gerland: Selbstverletzung und Verletzung des Einwilligenden in Vergleich. Darstellung d. deutschen und ausländischen Strafrechts. Allgem. Teil, Bd. 2.

Gottschalk: Das mitwirkende Verschulden des Geschädigten, Berlin 1903.

Gröber: Die Schadensersatzansprüche bei Körperverletzung und Tötung im Zweikampf. Diss., Erlangen 1906.

Hälschner: Der Zweikampf im Verhältnis zur Tötung und Körperverletzung im Gerichtssaal, Bd. 35.

Hälschner: Das Schlägerduell im Gerichtssaal, Bd. 34.

Höniger: Die Rechtsfolgen des Zweikampfs nach dem B.G.B. in Das Recht Nr. 9 (10. Mai 1901).

Holer: Die Einwilligung des Verletzten. Diss., Zürich 1906.

Keßler: Die Einwilligung des Verletzten in ihrer strafrechtlichen Bedeutung, Berlin 1884.

Kohlrausch: Zweikampf in Vergleich. Darstellung d. deutschen und ausländischen Strafrechts. Bes. Teil, Bd. 2, 1906.

Krückmann: Verschuldensaufrechnung, Gefährdungsaufrechnung und Deliktsfähigkeit in Jherings Jahrb. Bd. 55, 1909.

Levi: Zur Lehre vom Zweikampfverbrechen. Leipzig 1889.

Linckelmann: Die Schadensersatzpflicht aus unerlaubten Handlungen. Berlin 1898.

v. Liszt: Lehrbuch des deutschen Strafrechts, 16 und 17. Aufl., 1908.

v. Liszt: Die Deliktsobligationen im System des B.G.B., Berlin 1898.

v. Liszt: Die Grenzgebiete zwischen Privatrecht und Strafrecht in Beiträge z. Erläut. u. Beurt. d. Entw. e. B.G.B., Heft 5, 1889.

M. E. Mayer: Rechtsnormen und Kulturnormen. Strafrechtl. Abhandl., H. 50, 1903.

M. E. Mayer: Deutsches Militärstrafrecht, Bd. 1, 1907.

Meyer-Allfeld: Lehrbuch des deutschen Strafrechts, 6. Aufl., 1907.

Motive zu dem Entwurf eines B.G.B. f. d. Deutsche Reich, Bd. 2, 1888.

Oertmann: Kommentar zum B.G.B.: Recht der Schuldverhältnisse, 4. und 5. Aufl., 1910.

Oser: Kommentar zum schweizer. Zivilgesetzbuch Bd. V: Das Obligationenrecht, Zürich 1912.

Olshausen: Kommentar zu Str.G.B., 7. Aufl., 1906.

Pandectes françaises par Rivière, Weiß etc. Vo. Duel, Bd. 28, 1897.

Protokolle der Kommission f. d. 2. Lesung d. Entw. e. B.G.B. Bd. 2.

Rödenbeck: Der Zweikampf im Verhältnis zur Tötung und Körperverletzung, 1883.

Rohwedder: Die Strafauffassung des Vorentwurfes z. e. Deutschen Strafgesetzbuch. Strafrechtl. Abhandl. H. 141, 1911.

Schulz: Rückgriff und Weitergriff, 1907.

Seydel: Die Einwilligung des Verletzten. Diss., Rostock 1907.

Staudinger: Kommentar zum B.G.B. Bd. 2, 3. u. 4. Aufl., 1908.

Titze: Die Notstandsrechte. Diss., Berlin 1897.

Träger: Der Kausualbegriff im Straf- und Zivilrecht. Marburg 1904.

v. Tuhr: Der allgemeine Teil des Deutschen Bürgerlichen Rechts, Bd. 1, Leipzig 1910.

Wächter: Die neuesten Fortschritte der Zivilgesetzgebung in Württemberg in Archiv f. d. zivilist. Praxis. Bd. 23.

Wächter: Deutsches Strafrecht. Vorlesungen 1881.

Wilhelmi: Wirkliche und scheinbare Konkurrenz von Verletzungs- und Gefährdungsverbrechen. Strafrechtl. Abhandl., H. 145, 1912.

Zitelmann: Ausschluß der Widerrechtlichkeit in Archiv f. d. zivil. Praxis, Bd. 99, 1906.
Zusammenstellung der gutachtl. Äußerungen z. d. Entwurf e. B.G.B., Bd. 2, 1890.

Sonstige nur einmal benutzte Schriften sind an der betreffenden Stelle unter ihrem genauen Titel zitiert.

Entscheidungen

wurden entnommen aus folgenden Sammlungen:

Entscheidungen des Reichsgerichts in Zivilsachen.
Entscheidungen des Reichsgerichts in Strafsachen.
Rechtsprechung der Oberlandesgerichte, herausgegeben von Mugdan und Falkmann.
Seufferts Archiv für die Entscheidungen der obersten Gerichte.
Dalloz, *Jurisprudence générale.*
Sirey, *Recueil général des lois et des arrêts* etc.
Entscheidungen des schweizerischen Bundesgerichts. Amtliche Sammlung.

§ 1. Einleitung: Grundsätzliches über den Unterschied zwischen Zivil- und Kriminaldelikt.

Objekt der Rechtsverletzungen sind Rechtsgüter, d. h. rechtlich geschützte Interessen.[1] Dies gilt für das Kriminaldelikt ebenso wie für das Zivildelikt. Der Unterschied zwischen beiden, den noch Hegel für einen qualitativen hielt, hat sich als ein in Wirklichkeit bloß quantitativer erwiesen; es sind, wie M. E. Mayer[2] betont, die besonders strafschutzwürdigen und strafschutzbedürftigen Interessen, die unter den Schutz des Strafrechts gestellt werden, und, können wir analogisierend fortfahren, die besonders schadensersatzwürdigen und schadensersatzbedürftigen Interessen, denen das zivile Deliktsrecht Genugtuung gewährt. In der Aussonderung dieser Interessen im einzelnen, m. a. W. in der Aufstellung seiner Verbote ist natürlich jeder Rechtsteil vom andern unabhängig und nur an die grade ihm eigentümlichen Zweckerwägungen gebunden. Deren Verschiedenheit ist es denn auch, welche einen durchgehenden Parallelismus zwischen Kriminal- und Zivildelikt verhindert: die besonders strafschutzwürdigen Interessen sind eben nicht immer zugleich die besonders schadensersatzwürdigen und umgekehrt.

Sogar wo tatsächlich an das gleiche äußere Geschehen sich sowohl zivile wie kriminelle Unrechtsfolgen knüpfen, bleibt noch immer die Frage, ob es auch wirklich die Verletzung des gleichen Interesses ist, welche beiderlei Unrechtsfolgen ruft, oder ob nicht vielmehr die eine Handlung die Verletzung verschiedener Interessen enthält, von denen das eine nur strafrechtlich und nicht auch zivilrechtlich, das andere nur zivilrechtlich, dagegen

[1] M. E. Mayer, Rechtsnormen und Kulturnormen 1903, S. 62 (im Anschluß an von Jhering, Geist d. röm. Rechts Bd. III § 60, S. 339)

[2] I. s. Vorlesung.

nicht strafrechtlich sanktioniert ist. In solchen Fällen können dann aus der Verbotenheit der Handlung in dem einen Rechtsteil für den andern Schlüsse, wie sie sonst, angesichts der Einheit aller Rechtsordnung, unbestrittenermaßen statthaft sind, nicht gezogen werden; denn ohne Identität der in beiden Rechtsteilen zu schützenden Rechtsgüter, m. a. W. ohne Identität der Angriffsobjekte kein Parallelismus zwischen krimineller und ziviler Verbotenheit einer Handlung.

Diese Erwägungen waren anzustellen vor Inangriffnahme einer kriminal-zivilrechtlichen Grenzfrage, als welche sich die in gegenwärtiger Abhandlung zu untersuchende Frage der Schadensersatzansprüche bei Körperverletzung und Tötung im Zweikampf darstellt. Sie ergeben, daß die zivilrechtliche Widerrechtlichkeit dieser an sich gegen § 823_1 B.G.B. verstoßenden Körperverletzungen und Tötungen nicht ohne weiteres aus der strafrechtlichen Verbotenheit des Zweikampfs deduziert werden kann, und verweisen uns zwecks Konstatierung dieser fundamentalen Frage auf die Erforschung des Angriffsobjekts des kriminellen Zweikampfdelikts[1] und damit mittelbar auf die Exegese der strafrechtlichen Zweikampfbestimmungen. Während dies Angriffsobjekt nämlich bei den meisten Delikten ohne weiteres feststeht, sogar schon aus der bloßen Bezeichnung der betr. Deliktsgruppe im Str.G.B. hervorgeht (z. B. Verbrechen und Vergehen „wider die öffentliche Ordnung", „wider die Sittlichkeit", „wider das Leben", „wider die persönliche Freiheit" etc.), gehört der Zweikampf zu denjenigen Delikten, über deren Angriffsobjekt nicht nur innerhalb der verschiedenen Kodifikationen,

[1] Diese Untersuchung bleibt auch dem nicht erspart, der unser Problem mit Hülfe des § 823_2 lösen zu können glaubt (darüber unten § 6), denn auch nach dieser Bestimmung genügt nicht zur Begründung einer Schadensersatzpflicht der bloße Verweis auf das strafrechtliche Verbot der schadenstiftenden Handlung, vielmehr wird auch hier der Beweis gefordert, daß das Rechtsgut, wegen dessen Verletzung Reparation verlangt wird, identisch ist mit demjenigen, zu dessen Schutz die übertretene (Straf-)Rechtsnorm bestimmt war. (Vgl. Oertmann zu § 823, 4, d.)

sondern sogar innerhalb einer und derselben Kodifikation verschiedene Ansichten sich bilden konnten.

A. Die einzelnen Zweikampftheorien und ihr Reflex auf die zivile Haftungsfrage.

§ 2. I. Der Zweikampf als Gefährdungsdelikt.

Das Deutsche Reichs-Str.G.B. hat seinen Standpunkt scheinbar deutlich präzisiert, indem es gegenüber den vier überhaupt möglichen Auffassungen[1] sich für die Anerkennung des Zweikampfs als *Delictum sui generis* entschieden hat. Aber damit ist über die grundsätzliche systematische Auffassung noch nichts gesagt.

Die herrschende Meinung geht nun dahin, daß der Zweikampf ein sog. Gefährdungsdelikt sei, (mit besonderer Qualifikation für den Fall eines tödlichen Ausgangs nach Str.G.B. § 206)[2]. Das durch die Duellnormen geschützte Interesse wäre danach wie bei jedem Gefährdungsdelikt das „Interesse am Ausbleiben einer Handlung, deren Schädlichkeit auch nur möglich erscheint, weil sie, in Wirklichkeit getreten, durch das Stadium der realen Gefährdung hindurch zum effektiven Schaden führen kann"[3]. Der Zweikampfvorsatz als Gefährdungsvorsatz wäre sonach der Vorsatz, einen andern in eine solche Gefahrlage zu bringen.

Indes der Zweikampfvorsatz geht bedeutend weiter. Er ist gemeiner Verletzungsvorsatz, nicht bloß Gefährdungsvorsatz.[4]

[1] Vgl. darüber Kohlrausch in „Vergleichende Darstellung des deutschen und ausländ. Strafrechts". Besonderer Teil Bd. III, S. 150 ff.

[2] Vgl. z. B. Binding, Lehrb. I, S. 70; Frank: Kommentar 5 und 7. Aufl. 1908, Vorbem. Z. 15. Abschn.; v. Liszt, Lehrb. 17. Aufl. 1908, S. 325; Meyer-Allfeld, Lehrb. 6. Aufl. 1907, S. 396; Olshausen, Komm. zu § 201 Note 11; v. Rohland, Die Gefahr im Strafrecht, S. 6.

[3] Keßler, Gerichtssaal Bd. 40, S. 598.

[4] Eine Berücksichtigung des bloßen Gefährdungsdelikts im Zivilrecht ist an sich sehr wohl denkbar. Die Gefährdungshaftung

Hierzu fehlt ihm vor allem das neuerdings wieder von Wilhelmi[1] mit Recht als für den Gefährdungsvorsatz charakteristisch hervorgehobene Erfordernis, „ein Wollen zwar der Gefahr, ein Mißbilligen aber, zum mindesten kein Billigen eventueller Verletzungsfolgen" zu enthalten.

Aber auch ein unwiderlegliches *argumentum a contrario* spricht gegen die Gefährdungstheorie: wäre sie nämlich richtig, so müßten — weil die Gefährdungstatbestände den Verletzungstatbeständen prinzipiell subsidiär sind[2] — bei erfolgreichem Zweikampf die Bestimmungen über Tötung resp. Körperverletzung als *leges principales* gegenüber den Bestimmungen über Zweikampf zur Anwendung kommen. Das ist aber unbestrittenermaßen nicht der Fall, vielmehr finden auch in solchen Fällen die Bestimmungen

---

wäre, wie wir meinen, eine Unterart der gewöhnlichen Kausalhaftung, gegründet auf dem Gedanken, daß derjenige, der einen andern in eine vom Gesetz gemißbilligte Gefahrlage versetzt, für die Folgen zu haften habe, obwohl nur die Gefährdung, nicht aber die Verletzung gewollt ist. Sie ist übrigens in gewissem Umfang auch unserm B.G.B. wohl bekannt. Indem dies nämlich in § 823_2 zur Begründung der Schadensersatzpflicht eine Schuldhaftigkeit der Schadenszufügung nicht erfordert, sondern sich mit der bloßen Schuldhaftigkeit der Gesetzesverletzung begnügt, schafft es zugunsten von Leben, Körper, Gesundheit etc. einen über den Verletzungsschutz des Abs. 1 hinausreichenden Schutz gegen bloße Gefährdung. Indes das entscheidende Moment liegt dabei gar nicht darin, daß die Handlung „gefährlich", sondern darin, daß sie verboten ist, m. a. W. die Auffassung eines Delikts als Gefährdungsdelikt ist für die Begründung der Haftung des § 823_2 nicht ausschlaggebend.

[1] Wirkliche und scheinbare Konkurrenz von Verletzungs- und Gefährdungsverbrechen gegen Leben und Leib. (Strafr. Abhdl. 145 1912 S. 27). Leider wird Wilhelmi gerade mit Bezug auf den Zweikampf seinen eigenen Prinzipien untreu, denn er faßt diesen, seinen eigenen Ausführungen zum Trotz, als Gefährdungsdelikt auf. Vgl. S. 2, 15 ff, 59 ff.

[2] Statt aller: Wilhelmi a. a. O. S. 27: „es braucht eigentlich nicht besonders gesagt zu werden, daß der direkte Verletzungsvorsatz und der direkte Gefährdungsvorsatz einander ausschließen." Darüber, daß Wilhelmi gerade im Fall des Zweikampfs die Konsequenz hieraus zu ziehen versäumt, s. o. Note 1.

über Zweikampf Anwendung, und zwar ausschließlich und unter völliger Ignorierung der Zweikampffolgen. Also entweder ein offenbarer Widerspruch mit fundamentalen strafrechtlichen Auslegungsregeln — dies meint Binding, der darum die Regelung des Zweikampfs im Str.G.B. immer wieder mit den schärfsten Worten angreift[1] —, oder diese Auffassung ist eben unrichtig. In diesem Fall ergeben sich ebenfalls zwei Möglichkeiten: entweder das Gesetz geht von einer Auffassung aus, aus der sich die Ignorierung der Zweikampffolgen mit zwingender Notwendigkeit ergibt, oder diese Ignorierung besteht nur scheinbar und nicht in Wirklichkeit. Wir behandeln, wenngleich dies systematisch weniger korrekt ist, aus Gründen, die erst später dargelegt werden können, zuerst die letztere Möglichkeit.

§ 3. II. Der Zweikampf als privilegierte Körperverletzung bezw. Tötung.

Die Ablehnung eines Gefährdungsvorsatzes beim Zweikampf zugunsten der Annahme eines gewöhnlichen Verletzungsvorsatzes involviert die Einreihung des Zweikampfdelikts in die Gruppe der durch die Begehungsart qualifizierten Körperverletzungsdelikte. Eigentümlich ist diesem Zweikampfverletzungsdelikt im Grunde nur die Gleichstellung der unvollendeten mit der vollendeten Verletzung. Aber auch diese ist nicht beispiellos; sie hat ein direktes Analogon in der Bestimmung des § 80 Str.G.B., die für Mord und Mordversuch an der Person des Landesherrn ebenfalls gleiche Bestrafung anordnet.[2] Die mit solcher Gleich-

[1] Vgl. Deutsche Juristenzeitung Bd. 2 (1897) S. 2 ff. („ich kenne keinen Verbrechensbegriff von größerer Schablonenhaftigkeit und Oberflächlichkeit"); Lehrb. I. S. 68 („typisch-ungerechte Ahndung"); Der Zweikampf und das Gesetz. Vorträge der Gehe-Stiftung 1905. S. 25.

[2] Auch mit dem komplexen Begriff des „Unternehmens" i. S. v. § 82 Str.G.B. zeigt der Zweikampfbegriff insoweit einige Verwandtschaft.

stellung notwendig verbundene „Schablonenwirtschaft“ (Binding[1]) ist damit entschuldigt, daß der konkrete Erfolg beim Zweikampf ungeeignet ist, einen Maßstab für die Verschuldung und somit für die Differenzierung der Strafdrohung abzugeben, „denn da der Zweikampf nach deutscher Auffassung ein ernsthafter, nicht ein Scheinkampf ist, muß bei ihm stets mit der Möglichkeit einer schweren Kampffolge gerechnet werden“. (Begründung zum Vorentwurf eines Deutschen Str.G.B., 1909, S. 650.)

Eine nach dem Erfolg abgestufte Haftung, wie sie übrigens auch das geltende Zweikampfrecht für den Fall eines tödlichen Erfolgs (Str.G.B. § 206) kennt, wäre nicht mehr Schuldhaftung, sondern im eigentlichen Sinn des Worts Erfolgshaftung, ein jedenfalls im Strafrecht unbrauchbares Haftungsprinzip.

Bedenken gegen diese Auffassung, die sich mit der von Levi[2] und Kohlrausch[3] vertretenen im Grundgedanken enge berührt, ergeben sich, wie wir meinen, höchstens aus der systematischen Stellung des Zweikampfs innerhalb des besondern Teils des Str.G.B., nämlich daraus, daß der Zweikampf den Abschnitten über „Verbrechen und Vergehen wider das Leben“ und „Körperverletzung“ vorausgeht, nicht in ihnen enthalten ist.

Aber diese, wahrscheinlich ganz motivlose,[4] technische Äußerlichkeit vermag eine sonst zu widerspruchslosen Resultaten führende Auffassung nicht zu erschüttern. Vollends gehoben werden übrigens etwaige derartige Bedenken durch die Tatsache, daß der „Vorentwurf zu einem Deutschen Str.G.B.“, ohne von

[1] D. Jur. Ztg. 1897, S. 5.

[2] Zur Lehre vom Zweikampfverbrechen, 1889, S. 111 ff.

[3] Vergleich. Darstellg. III, S. 201.

[4] Eine Motivierung dieser systematischen Einreihung versucht Rödenbeck, Der Zweikampf im Verhältnis zur Tötung und Körperverletzung 1883 S. 14 unter Berufung auf die Revision z. preuß. Str.G.B., dem das geltende Str.G.B. die Vorschriften über das Duell entnommen hat. Danach soll nämlich durch die systematische Stellung unmittelbar hinter der Beleidigung „der Tatbestand, nämlich das eigenmächtige Mittel zur Herstellung der gekränkten Ehre unmittelbar bezeichnet werden.“

der prinzipiellen Auffassung des geltenden Rechts abweichen zu wollen, im übrigen sogar in dieser Materie den Inhalt des geltenden Str.G.B. fast unverändert übernehmend, seinen Abschnitt über den Zweikampf in das III. Buch, betitelt „Verbrechen und Vergehen wider die Person“ einreiht, und zwar zwischen den Abschnitt über „Verbrechen und Vergehen wider das Leben“ und demjenigen über „Körperverletzung“.

Noch eklatanter tritt die Tatsache, daß nach deutscher Auffassung die Bestrafung des erfolgreichen Zweikampfs nichts anderes als eine Bestrafung der Körperverletzung resp. Tötung mit mildernden Umständen bedeutet, hervor aus „Gegenentwurf zum Vorentwurf eines Str.G.B.“ § 260. Danach sollen nämlich gegen den, der den Zweikampf freventlich verschuldet hat, die Vorschriften über Tötung und Körperverletzung zur Anwendung gelangen, weil, wie die Begründung zum Gegenentwurf S. 253 sagt, dieser eben „den Anspruch auf mildere Behandlung für seine Person vollständig verwirkt hat.“[1]

[1] Auch aus den Bestimmungen des geltenden Rechts geht übrigens die Auffassung des Zweikampfes als privilegierten Körperverletzungsdelikts zur Genüge daraus hervor, daß im Fall der Übertretung der Kampfesregeln gemäß § 207 Str.G.B. nicht eine Ideal- oder Realkonkurrenz zwischen Zweikampf und Tötungs- resp. Körperverletzungsdelikt eintritt (für Realkonkurrenz Binding, Lehrb. I. S. 73), sondern nur die Tötungs- resp. Körperverletzungsnormen angewendet werden, m. a. W. lediglich die Privilegierung zessiert. Die Auffassung als Delikt gegen die Person bewährt sich, obwohl man es auf den ersten Blick bezweifeln möchte, auch gegenüber denjenigen Rechten, die für den erfolglosen Zweikampf eine besondere mildere Strafdrohung kennen. (So ein französ. Entwurf von 1888, zitiert *Pandectes françaises* Bd. 28 Vo Duel S. 124, wonach „*le duel abstraction faite de tout résultat*“ gestraft wird; auch die meisten kantonalen Rechte der Schweiz; vgl. die Übersicht bei Stooß, Die kantonalen Rechte der Schweiz). Die Pönalisierung des erfolglosen Zweikampfs ist nichts als Reaktion gegen einen Versuch der Körperverletzung resp. Tötung; der Tatbestand wird daher von dem der Zweikampfverletzung, der ihm gegenüber lediglich ein Plus, nicht ein Aliud enthält, konsumiert. Vgl. auch im Sinn der hier vertretenen Auffassung die eigenartige Zweikampfbestimmung des Tessiner Str.G.B. v. 25. Januar 1873 § 322: *la legge non riconosce scusa negli autori e complici di omicidio*

Es dürfte aus dem Gesagten zur Genüge hervorgehen, daß die §§ 205 und 206 nichts anderes sind, als was sie auf den ersten Blick scheinen: privilegierte Fälle von Körperverletzungs- resp. Tötungsdelikten[1]. Man kann der Fassung derselben vielleicht den Vorwurf der Unzweckmäßigkeit, niemals aber den der Absurdität entgegenhalten.

Für unsere Frage ergäbe sich nach dieser Auffassung, daß strafrechtlich durch die Normen über den Zweikampf die gleichen Interessen geschützt werden, wie zivilrechtlich durch B.G.B. § 823 Abs. 1 Z. 1: strafrechtlich und zivilrechtlich geschützte Interessenkreise decken einander.

§ 4. **III. Der Zweikampf als sog. Polizeidelikt.**

Indes noch eine andere Auffassung läßt sich wenigstens verteidigen. Danach läge der Grund für die strafrechtliche Ignorierung der Zweikampffolgen darin, daß das Str. G. B. durch seine Bestimmungen über den Zweikampf nur den Zweikampf an sich strafen wollte, den „*duel abstraction faite de tout résultat*“ i. S. des französ. Entw. von 1888 (vergl. o. S. 7, Anm. 1).

Danach ergeben sich 2 Möglichkeiten:

a) entweder Str.G.B. wollte die Ahndung der Folgen den allgemeinen Vorschriften über Körperverletzung resp.

---

o di lesione personale commessi o tuitati per causa di duello. Abweichender Auffassung von modernen Strafgesetzbüchern der *Codice civile italiano*, welcher den Abschnitt über den „Duello“ in den Titolo IV überschrieben: *Dei delitti contro l'amministrazione della giustizia* einreiht. Auch hier sind aber aus der systematischen Stellung m. E. prinzipielle Konsequenzen ebensowenig zu ziehen, wie beim Reichs-Str.G.B.

[1] Die Ratio dieser Privilegierung liegt insbesondere darin, daß die Angriffshandlungen ja mit dem Willen des Verletzten erfolgten, so daß die Privilegierung in § 213, (Totschlag auf Provokation) und § 216 (Tötung auf Verlangen) ihr Analogon hätte. Für Angriffshandlungen gegen den Willen des andern zessiert die *ratio* der Privilegierung und es finden daher auf diese gemäß § 207 Str.G.B. die Regeln über gemeine Tötung, resp. Körperverletzung in voller Schärfe Anwendung.

Tötung überlassen, so daß also bei „erfolgreichem“ Zweikampf stets Idealkonkurrenz mit Körperverletzung oder Tötung vorläge. So Roedenbeck[1], für den Fall der Nichtannahme seiner Auffassung des Zweikampfs als „Gesetzesverbrechen“. Aber dies ist zweifellos nicht die Meinung des Str.G.B.; denn nach § 207 sollen bei vorsätzlicher Übertretung der Kampfregeln die allgemeinen Vorschriften über Tötung resp. Körperverletzung Anwendung finden, d. h. offenbar nur diese; nach Roedenbeck dagegen würde der anständige Zweikampfgegner sich stets zweier (ideal konkurrierender) Verbrechen schuldig machen, der perfide dagegen nur eines einzigen,

b) oder aber Str.G.B. ignoriert die Körperverletzung resp. Tötung, weil es in denselben keine Verbrechen sieht und zwar darum, weil ihnen durch die Einwilligung der Stachel der Rechtswidrigkeit benommen ist.

Ob die Einwilligung (darüber, daß wirklich eine solche vorliegt, s. u. S. 12 ff.) strafrechtlich diese Kraft haben kann, werden wir u. S. 22 Anm. 2, im Zusammenhang mit der entsprechenden zivilrechtlichen Frage, untersuchen.

Schreibt man der Einwilligung diese Kraft zu, so folgt daraus, daß Angriffsobjekt beim Zweikampfdelikt nicht das Interesse des Individuums an seiner Körperintegrität, ja überhaupt kein privates Interesse, sondern nur ein Gemeininteresse sein kann, und dies Gemeininteresse wiederum kann kein anderes sein,

---

[1] A. a. O. S. 50. R. nimmt freilich nur bei Körperverletzung Idealkonkurrenz an, während er die Tötung als durch § 206, erschöpfend geregelt ansieht. Das ist m. E. eine Inkonsequenz, die dazu führen müßte, daß der Duellant bei Tötung unter Umständen glimpflicher davon käme, als bei bloßer schwerer Körperverletzung; sie schwindet, wenn man mit der herrschenden Meinung (z. B. Olshausen zu § 206) annimmt, daß § 206 „trotz des irreführenden Wortlauts“, nicht die Tötung im Zweikampf sondern den Zweikampf mit tödlichem Ausgang normiert.

als das Interesse an der sozialen Ordnung, am öffentlichen Frieden[1]: das Duell wäre stets und nur Polizeidelikt im technischen Sinn.

Den gleichen Sinn muß es m. E. auch haben, wenn M. E. Mayer[2] den Zweikampf als abstraktes Gefährdungsdelikt bezeichnet und dies dahin erläutert, daß „der Zweikampf als Gefährdung des Lebens strafbar" sei, „aber im einzelnen Fall ist auf den Gefahrbegriff nicht Bezug zu nehmen." Das bedeutet schwerlich etwas anderes, als daß die Gefährdung eben nur gesetzgeberisches Motiv für das Verbot der Handlung ist, während die Handlung eben als prinzipiell „unrichtig" schlechthin verboten ist. Das ist aber das generelle Kriterium des Polizeidelikts[3]: weil abstraktes Gefährdungsdelikt, ist mithin der Zweikampf Polizeidelikt.[4]

---

[1] Dieser Ausdruck, der hier im übertragenen Sinn gebraucht ist und eben einen Hinweis auf die sozialgefährliche Bedeutung des Duells enthält, ist zwar nicht gerade präzis, aber doch, sollte man meinen, unmißverständlich. Dennoch hat ihn offenbar mißverstanden Wilhelmi, in einem übrigens dem v. Liszt'schen Lehrb. S. 325 entnommenen Argument seiner o. S. 4 zitierten Schrift, S. 14, wenn er gegen diese Auffassung des Duells als Störung des öffentlichen Friedens einwendet „das Duell gehe heute meist in stiller Abgeschiedenheit vor sich, so daß von einer Störung des öffentlichen Friedens nicht mehr gut die Rede sein kann". Aber gestört wird der öffentliche Friede natürlich nicht durch das Kampfschauspiel, sondern durch den sozialen Reflex der Tatsache, daß ein Zweikampf stattgefunden hat.

[2] Deutsches Militärstrafrecht, Bd. I, S. 78.

[3] v. Liszt, Lehrb. § 26 S. 126.

[4] Für Polizeidelikt bes. v. Wächter Deutsches Strafrecht, 1881, S. 353; Roedenbeck a. a. O. S. 51; früher Binding, Normen 2, 481, nunmehr aber gegen diese Degradierung zum Polizeidelikt, Lehrb. I, S. 70 (gegen Levi l. c. S. 111, der freilich das Duell nur „bald als Polizeidelikt, bald als Gefährdungs-, bezw. Verletzungsverbrechen" ansieht). Allerneuestens wieder Rohwedder: Die Strafauffassung des Vorentwurfs (Strafr.-Abhdl. 141) 1912, S. 44. Von Zivilisten hält diese Auffassung wenigstens für möglich Ortmann zu § 823 d. Daß das geltende Recht der besprochenen Auffassung nicht ganz abgeneigt scheint, zeigt R.G. (Str. S.) 22, S. 139 und die „Begründung" zum Vorentwurf, Bes. Teil

Die danach allein strafrechtlich geschützten Interessen sind solche der Allgemeinheit im Sinne einer Einheit[1], die zivilrechtlich zu schützenden Interessen dagegen solche der Duellanten. Hieraus folgt: strafrechtlich und zivilrechtlich geschützte Interessenkreise schneiden einander überhaupt nicht.

Aber nichtsdestoweniger ist diese Auffassung auch zivilrechtlich oder vielmehr gerade zivilrechtlich — im Strafrecht hat ja der ganze Streit mehr theoretische Folgen — von größter praktischer Bedeutung, weil nach ihr infolge der Einwilligung des Verletzten die Rechtswidrigkeit der Tötung, resp. Körperverletzung im Duell entfiele.[2]

S. 649, wonach die Regelung des Zweikampfs „einerseits den bestehenden Sitten, andererseits den Anforderungen staatlicher Ordnung und des Schutzes von Leib und Leben“ Rechnung tragen soll. Keßler, Einwilligung etc. S. 92 erklärt zwar den Zweikampf für ein „Gefährdungsdelikt“, sieht aber die Gefährdung von Leib und Leben in der Sitte des Zweikampfs, nicht in dem einzelnen Zweikampf; dies ist aber jedenfalls nicht der technische Sinn des Ausdrucks „Gefährdungsdelikt“; vielmehr verbirgt sich hier eben unter dieser Bezeichnung lediglich die Auffassung als Polizeidelikt. Nicht entgegen steht dieser Auffassung § 206 ebensowenig wie § 202, die beide den Zweikampf „auf Tod und Leben“ qualifizieren: ein solcher gibt eben sozial zu besonders großem Ärgernis Anlaß.

[1] Im Gegensatz zur Gesamtheit im Sinn einer Vielheit aller einzelnen. Über diesen Unterschied Oertmann zu § 823, 4, b, β.

[2] Ausnahmsweise praktische strafrechtliche Bedeutung gewann die Kontroverse in einem insbesondere auch für die zivilistische Frage der Rechtswidrigkeit der Zweikampfverletzung hochinteressanten Entscheid des schweizerischen Bundesgerichts vom 27. August 1883 (Amtl. Sammlung, Bd. 9, S. 252 ff.) über ein bayrisches Auslieferungsbegehren: Bayern verlangte unter Berufung auf den Inhalt des Haftbefehls, laut welchem der Beschuldigte dringend verdächtig sei, „durch vorsätzliche Körperverletzung im Zweikampf den Tod eines Menschen veranlaßt zu haben“ dessen Auslieferung, gestützt auf Art. 1. Z. 10 des deutsch-schweizerischen Auslieferungsvertrags vom 21. Januar 1874, nach welchem sich die Schweiz zur Auslieferung verpflichtet bei „vorsätzlicher Mißhandlung und Verletzung eines Menschen, welche . . . den Tod zur Folge gehabt hat“.

Ob die Einwilligung diese Kraft hat, die Wirkungen der Rechtswidrigkeit lahm zu legen, ist daher zunächst zu untersuchen.

Hat sie diese Kraft nicht, so folgt daraus, um das Resultat vorwegzunehmen, zunächst, daß die zuletzt behandelte Zweikampfauffassung richtig nicht sein kann, demnächst insbesondere aber auch, daß aus dem Zweikampf als rechtswidriger Handlung eine prinzipielle Schadensersatzpflicht entsteht.

B. Konstruktion der Schadensersatzpflicht aus der Unwirksamkeit der Einwilligung.

§ 5. I. Liegt beim Duell Einwilligung vor?

Bevor in die nähere Würdigung der Einwilligung eingegangen wird, muß natürlich eins festgestellt sein, daß nämlich beim Zweikampf wirklich Einwilligung in die Verletzung vorliegt. Anders böte ja unsere ganze Untersuchung keine weitere Schwierigkeiten, denn dann wären eben Tötung und Körperverletzung im Duell zweifellos widerrechtliche Schadenszufügungen und die Haftung aus § 823 1 B.G.B. ohne weiteres begründet. Aber man

Das Bundesgericht verwirft in der zit. Entscheidung das Auslieferungsbegehren, weil nach deutschem Str.G.B. der Zweikampf ein selbständiges Delikt sei, und daher die Verletzung der Körperintegrität im Zweikampf nicht den Tatbestand einer Tötung oder Körperverletzung erfülle, wie der Untersuchungsrichter „in offenbarem Widerspruche mit den angeführten Gesetzesbestimmungen" behaupte. In letzterer Beziehung ist dem Bundesgericht nur beizupflichten; das Allegat des § 226 Str.G.B. war offenbar verkehrt; aber es war m. E. auch überflüssig, die bloße Bezugnahme auf die Zweikampfnormen als auf Fälle privilegierter Körperverletzung resp. Tötung hätte vollauf genügt. Zweifel hätten alsdann nur mehr über die Interpretation des Auslieferungsvertrags entstehen können, nämlich darüber, ob nach demselben auch die privilegierten Fälle der Tötung und Körperverletzung, wozu neben Tötung auf Verlangen, wie wir annehmen, auch Tötung und Körperverletzung im Duell gehören, eine Auslieferungspflicht begründen.

ist sich allgemein in der Literatur[1] darüber einig, daß Einwilligung in die eventuelle Verletzung beim Zweikampf wirklich vorliegt; ja sogar die Zivilgesetzgebung, soweit sie den Zweikampf besonders erwähnt, stellt ihn regelmäßig, gleichsam exemplifikativ, direkt neben die Verletzung des Einwilligenden.[2]

Nur ganz Wenige sind anderer Ansicht,[3] darunter auch der einzige, der bis jetzt unser Thema *ex professo* bearbeitet hat: Gröber.[4] Er meint „wer alles aufbietet, um eine Verletzung seiner Person zu hindern, von dem kann man doch nicht sagen, er willigt in die Verletzung", und bezeichnet die gegenteilige Auffassung als Trugschluß. Wir können ihm diesen Vorwurf nur zurückgeben: Gröber verwechselt einfach das „Wollen" im Sinn von „Wünschen" mit dem „Einwilligen", dem „Entschlossensein", also dem „mit in Kauf Nehmen". Wie man etwa beim Eventualdolus von einem „Einwilligen in den Erfolg" im

---

[1] Wächter: die neuesten Fortschritte der Zivilgesetzgebung in Württemberg. Abschn. III, Arch. f. d. zivilist. Praxis Bd. 23. S. 81; Roedenbeck a. a. O. S. 26. Keßler a. a. O. S. 90 ff. Binding, Handb. d. Strafrechts I, 1885 S. 723; Ders. Lehrb. I, S. 68 (wo aber stets, statt von Einwilligung in die eventuelle Verletzung von eventueller Einwilligung die Rede ist); Protokolle d. Kommission f. d. II. Les. d. Entw. e. B.G.B. Bd. I, S. 633 ff.; Linckelmann: Schadensersatzpflicht aus unerl. Handl. 1898 S. 78; Zitelmann: Ausschluß der Widerrechtlichkeit, Arch. f. d. civil. Praxis, Bd. 69 S. 96 ff.; Gerland: Einwilligung S. 498; Enneccerus: Lehrb. d. bürgerl. R. IV. und V. Aufl. 1910, Bd. I, 2. Abtl. S. 598, Anm. 26; im Grunde auch R.G. 6, S. 63.

[2] Württemberg. Gesetz üb. die privatrechtlichen Folgen der Verbr. v. 5. Sept. 1839, a. 13_3, 14_3; Bad. Gesetz, gleichen Titels vom 6. März 1845 § 13.

[3] Hälschner: Schlägerduell i. Gerichtssaal Bd. 34, S. 7; Ders.: Zweikampf i. Verhältn. v. Körperverletzung etc. Jbid. Bd. 35, S. 176 ff Birkmeyer zitiert i. Zus. Stellung d. gutachtl. Äußer. z. d. Entw. e. B.G.B. II, S. 402; neuerdings wieder in ausführlicher Darlegung: Holer, Die Einwilligung des Verletzten, Diss. Zürich 1906, S. 140—151.

[4] Die Schadensersatzansprüche bei Körperverletzung und Tötung im Zweikampf, Diss. Erlangen 1907.

Gegensatz zum „Wollen" im direkt teleologischen Sinn redet, so auch hier.

In diesem Sinn kann man sehr wohl rechtlich in etwas „e i n - w i l l i g e n" w a s einem u n e r w ü n s c h t ist. Sonst könnte schließlich auch mit dem gleichen Recht vom Schießbudenbesitzer gesagt werden, er willige gegen Empfang des Schußgeldes zwar in das Schießen auf seine Tonpfeifen, nicht aber in die Zerstörung derselben, da er ja durch entsprechende Distanzierung, durch das Hin- und Herpendelnlassen derselben etc. „sein Möglichstes" tue, um ihre Zerstörung zu hindern. Dies behauptet gewiß auch Gröber nicht. Man möchte daher gradezu sein Axiom umkehren und sagen: eben mit Rücksicht darauf, daß man alles aufbieten wird, eine Verletzung seiner Person zu hindern, willigt man in die Angriffshandlungen des Gegners. Wer die Chance erwerben will, den Gegner zu treffen, muß auch e i n w i l l i g e n i n das damit untrennbar verbundene R i s i k o , s e l b e r „i m D u e l l"[1] g e t r o f f e n z u w e r d e n.

Eine d a h i n g e h e n d e E r k l ä r u n g ist nun m. E. als i n d e r D u e l l v e r e i n b a r u n g m i t e n t h a l t e n anzusehen, deren Hauptbestandteil sie sogar bildet. Der Grundsatz Roedenbecks (a. a. O. S. 26): „Wer die Ursache will, will auch den Erfolg", ist zwar unwahr im eigentlichen Sinn des Wortes, aber als Fiktion vielfältig, so auch beim Duell, anwendbar: wer die Ursache, nämlich den Zweikampf, will, w i r d s o a n g e s e h e n, als habe er den allfälligen Erfolg, seine Verletzung gewollt;[2] und zwar ist gegen diese *Praesumptio juris et de jure* der Gegen-

---

[1] d. h. innerhalb der Duellregeln; daher gelten auch für die unter Übertretung dieser Regeln erfolgenden Verletzungen die allgemeinen strafrechtlichen Vorschriften. Str.G.B. § 207. Vgl. u. § 13.

[2] Entsprechend sprach denn auch mit Recht § 706 d. I. Entw. z. B.G.B. von einer Einwilligung „in die beschädigende H a n d - l u n g". Die Polemik v. Liszt's: Die Grenzgebiete zwischen Privatrecht und Strafrecht S. 37 ff. dagegen ist unbegründet; sein Vorschlag statt von E i n w i l l i g u n g i n d i e die Verletzung verursachende H a n d l u n g , von E i n w i l l i g u n g i n d i e V e r l e t z u n g zu reden, wird dem Wesen der Einwilligung nicht gerecht. Darüber u. § 7.

beweis ausgeschlossen. Auch wer sich nur duellierte, weil er auf die Ungeschicklichkeit des Gegners baute oder weil er als Geforderter denselben beim ersten Schuß über den Haufen zu schießen gedachte oder dgl., kann sich selbstredend auf seinen mangelnden Willen hier ebensowenig berufen, wie sich jemand sonst auf Mentalreservation berufen kann. Sogar eine ausdrückliche Erklärung der Nichteinwilligung, bestimmt dem Gegner die Einrede der Einwilligung abzuschneiden, scheiterte an ihrer eigenen Perplexität.[1] Durch eine solche der Duellvereinbarung eingefügte Bedingung würde nämlich die Kraft derselben vernichtet und der Kampf der Zwei seines Charakters als Zweikampf im juristischen Sinn entkleidet, da ja das Vorhandensein der beiderseitigen Einwilligung ein Essentiale des Zweikampfbegriffs bildet.

§ 6. II. Kritik der Auffassung der Duellvorschriften als Schutzgesetz i. S. von § 823 Abs. 2 B.G.B.

Auch für das Zivilrecht muß gelten, was M. E. Mayer für das Strafrecht nachgewiesen hat,[2] daß nämlich das in manchen gesetzlichen Tatbeständen, so auch in § 823 Abs. 1 B.G.B. ausdrücklich aufgestellte Erfordernis der Rechtswidrigkeit, weil selbstverständlich, völlig überflüssig ist, ja daß es überhaupt weder zum objektiven noch zum subjektiven

[1] Umgekehrt soll nach Gröber S. 53 Einwilligung nicht einmal dann vorliegen, wenn solche *expressis verbis* erklärt ist, „da sie dem wahren Willen des Erklärenden nicht entspricht und auch dem Gegner der Mangel im Willen auf Seite des Erklärenden bekannt ist". Dies ist ganz unverständlich, trotz des Verweises auf die zivilrechtliche Bestimmung des § 116 Satz 2 B.G.B. Aus welchem Grunde soll denn die Erklärung unter keinen Umständen dem „wahren" Willen des Erklärenden entsprechen?

[2] Militärstrafrecht I, S. 18. — Für das Zivilrecht im Grundgedanken übereinstimmend: Zitelmann, Ausschluß der Widerrechtlichkeit. l. c. S. 2 Note 1, 6; Fischer, Die Rechtswidrigkeit mit bes. Berücksichtigung des Privatrechts, 1911 (Fischers Abhdl. Bd. XXI_2 S. 96).

Tatbestand gehört;[1] „denn es wäre sinnlos, die Verwirklichung dieses Merkmals in der Außenwelt oder in der Innenwelt des Täters auffinden zu wollen; dies aber müßte möglich sein, wenn die Rechtswidrigkeit zum objektiven oder subjektiven Tatbestand gerechnet werden sollte".

Nun wäre es gemäß dem zu Beginn dieser Arbeit über das grundsätzliche Verhältnis von Straf- und Zivilrecht Gesagten sehr wohl denkbar, daß beide Rechtsteile, um es etwas ungenau auszudrücken, verschiedene Rechtswidrigkeitsbegriffe verwendeten und ebenso, daß beide Rechtsteile verschiedene Gründe als rechtswidrigkeitsausschließend betrachteten.[2]

Man kann diese Untersuchung für den Fall des Duells nicht dadurch umgehen, daß man, wie Linckelmann (a. a. O. S. 80) es tut, die strafrechtlichen Duellvorschriften einfach für ein Schutzgesetz erklärt, welches „das Leben und den Körper des Verletzten auch gegen seinen Willen zu schützen" habe.

Ein solches apodiktisches Vorgehen bedeutet eine Verkennung des bloß reflektorischen Charakters der Norm des § 823 Abs. 2, welche stets nur dem Schutz desjenigen zu dienen vermag, der gerade durch das fragliche Gesetz geschützt werden sollte.[3] Die Bezugnahme auf dieselbe führt also nicht nur nicht weiter, sondern sogar irre. Denn entweder bezweckt die Duellvorschrift diesen Schutz von Leib und Leben (was bekanntlich sehr die Frage ist), dann ist die Einwilligung, wie wir sehen werden, jedenfalls unwirksam und der Tatbestand schon durch § 823 Abs. 1 gedeckt, in welchem Fall § 823 Abs. 2 als subsidiäre Norm überhaupt

---

[1] A. A. Zitelmann S. 3 Note 1, nach welchem die Rechtswidrigkeit „negatives Tatbestandsmoment" ist.

[2] Genauer muß man, wegen der fast allgemein anerkannten Einheitlichkeit des Rechtswidrigkeitsbegriffs, diesen Gedanken so ausdrücken: es sei einerseits denkbar, daß die gleiche widerrechtliche Handlung nur im Zivilrecht eine sog. tatbestandsmäßige sei, nicht im Strafrecht oder umgekehrt, anderseits daß das gleiche Verbot nur im Zivilrecht eine „Zurücknahme" erfahre, nicht im Strafrecht, oder umgekehrt. Vgl. dazu Zitelmann S. 12 ff.

[3] Vgl. Oertmann Kom. zu § 823 4 c.

nicht in Betracht kommt, oder aber die Duellbestrafung erfolgt im Interesse der öffentlichen Ordnung, d. h. „der Gesamtheit als solcher, im Sinne einer Einheit“,[1] dann ist sie nicht im Interesse des Duellgegners erlassen und mithin kein seinen Schutz bezweckendes Gesetz im Sinn des 2. Abs. von § 823.[2]

Wir müssen mithin an die Untersuchung der Einwilligung herangehen und zwar zunächst der prinzipiellen Frage nach ihrer rechtlichen Natur.

§ 7. III. Die juristische Natur der Einwilligung und ihre Wirksamkeit beim Duell nach B.G.B.

Ob die Einwilligung die Rechtswidrigkeit aufzuheben vermag in Zivil- oder Strafrecht oder beidem oder keinem, hängt ab von ihrer juristischen Natur. Ist sie Rechtsgeschäft d. h. juristische Willenserklärung oder bloße tatsächliche Willenserklärung?

Sieht man mit Linckelmann,[3] der „die scharfe Absonderung der Einwilligung des Verletzten von der Kategorie des Rechtsgeschäftes“ als „geradezu das Wesentlichste in der ganzen Materie“ bezeichnet, in ihr rechtlich nur eine „Gestattung, daß die schädigende Handlung vorgenommen werde“, dann vermag solche Gestattung den aus der ja nichtsdestoweniger „unerlaubt“ bleibenden Handlung entspringenden Anspruch nicht zu berühren.

Aber mit Zitelmann[4] darf man wohl annehmen, daß die Kraft und Wirksamkeit der Einwilligung nur aus

---

[1] Oertmann zu § 823_4 b γ.

[2] Vgl. Oertmann zu § 823_4 b γ, wo die Schutzgesetzeigenschaft denjenigen Normen abgesprochen wird, „die nur der Aufrechterhaltung der öffentlichen Ordnung .... dienen“. Vgl. o. S. 9f.

[3] a. a. O. S. 78 ff.; wie Linckelmann auch Keßler a. a. O., insbesondere S. 19 ff.; v. Liszt: Die Grenzgebiete zwischen Privatrecht und Strafrecht, S. 38.

[4] a. a. O. S. 48 ff.; Für „einseit. Rechtsgeschäft“ schon Motive II, S. 730 (gegen Protokolle II, S. 578, 579); aber erst Zitelmann gebührt das Verdienst, diese Lehre wissenschaftlich begründet zu haben.

irgend einem positiv-rechtlichen Grundsatz erklärlich ist, und als solcher „bietet sich lediglich der Grundsatz über Rechtsgeschäfte dar, der Satz nämlich, daß im Privatrecht die Person innerhalb gewisser Schranken die Macht hat, ihre Rechtsverhältnisse zu gestalten."

Die Sanktion dieses Rechtsgeschäftes setze die Rechtsordnung „stillschweigend voraus". Beweis nach Zitelmann: die Analogie mit den z. B. in §§ 744 und 922 B.G.B. ausdrücklich anerkannten, die Rechtswidrigkeit ausschließenden Zustimmungserklärungen. Wie diese sei auch das allgemeine Einwilligungsrechtsgeschäft ein einseitiges.[1] Der Inhalt dieses Einwilligungsrechtsgeschäfts geht nun nach Zitelmann (S. 55 ff.) dahin, daß der Einwilligende dem Gegner ein, wenn auch jederzeit widerrufliches, „subjektives Recht zu dieser Handlung, ein Ermächtigungsrecht" geben wolle.[2]

Wir halten diese Argumentation Zitelmanns für durchschlagend; ohne sie käme man, angesichts des Schweigens unseres Zivilrechts, meinen wir, schwerlich weiter als zu rechtsphilosophischen Vernunftserwägungen.

---

[1] Übrigens ist zu betonen, daß nicht alle die Rechtswidrigkeit ausschließenden Zustimmungserklärungen des B.G.B. sich als Rechtsgeschäfte darstellen; man denke nur an den Fall der Zustimmung des Ehegatten zum Ehebruch des andern § 1565.

[2] Zitelmanns Ausführungen beruhen auf der bekanntlich bestrittenen Thon-Bierlingschen Auffassung, wonach jede „Rechtswirkung" in einem „Wachrufen oder Außerkrafttreten von Normen" beruht. Danach gehe die Einwilligung „nicht bloß auf die Außerkraftsetzung eines verbietenden, sondern auf die Inkraftsetzung eines erlaubenden Rechtssatzes", was, wie Zitelmann sagt, darauf hinausläuft, daß der Einwilligende dem Gegner ein „subjektives Recht" zu seiner Handlung einräumen wolle. So auch Fischer a. a. O. S. 272. Unabhängig von Zitelmann ist der nämliche Gedanke übrigens zur selben Zeit vertreten worden von Holer, Die Einwilligung desVerletzten, Diss. Zürich 1906, vgl. S. 82: „die zivilrechtliche Einwilligung geht auf positive Begründung von Rechten". So auch R.G. (Str.-Sachen) 43, S. 201 (1910), wonach die rechtswidrigkeitsausschließende Einwilligung in die Veröffentlichung beim Urheberrecht (Ges. v. 19. Juni 1901 § 15) eine „beschränkte Übertragung" des Rechts darstellt.

Neuerdings vertritt R.G. allerdings ganz abweichend von dieser Lehre, die Auffassung, daß bei Verletzungen der Persönlichkeit (nicht auch bei eigentlichen Rechtsverletzungen vgl. o. S. 18 Anm. 2) für die Einwilligung das Privatrecht (wie übrigens auch das Strafrecht) nicht maßgebend sei. Es meint, R.G.E. (i. Str.-Sachen) Bd. 41 S. 395 gelegentlich der Beurteilung einer Einwilligung zur Beleidigung (unzüchtige Berührungen), allerdings nur bezüglich der in jenem Fall allein streitigen Handlungsfähigkeit und Willensmängel: „Die Einwilligung in eine Handlung, die an sich ehrenrührig erscheint, ist nicht Verfügung über ein Recht oder ein Rechtsverhältnis. Die Ehre gehört, wie das Leben und die körperliche Unversehrtheit zu den sog. Rechtsgütern, die zwar Dritten gegenüber Rechtsschutz genießen, selbst aber nicht Gegenstand eines Rechts ihres Trägers sind. Deshalb können die Vorschriften des bürgerlichen Rechts . . . keine Anwendung finden". Vorstehende Auffassung steht und fällt, offenbar mit der Auffassung der genannten Lebensgüter als Rechtsgüter i. e. S. Diese sehr streitige Frage hier zu erörtern, würde zu weit führen. Wir haben uns im Text der Ansicht angeschlossen, wonach jedenfalls Leib und Leben (sowie übrigens auch die Freiheit) im Sinn des Privatrechts als Rechtsgüter wenigstens gelten[1] (vgl. nur § 823_1) und behandeln daher die Verfügung über sie analog der Verfügung über subjektive Rechte.

---

[1] So auch Oertmann zu § 823, 1, vgl. auch v. Tuhr Allgem. Teil I, S. 180.

Noch deutlicher trat die Gleichstellung mit den subjektiven Rechten zutage im I. Entw. z. B.G.B., der in § 704 Abs. 2 im Anschluß an die Statuierung einer allgemeinen Ersatzpflicht aus Verletzung eines Rechts (in Abs. 1) authentisch deklarierte, daß als „Verletzung eines Rechts im Sinn der vorstehenden Vorschrift . . . . auch die Verletzung des Lebens, des Körpers usw. anzusehen" sei. Mit dem Wegfall der allgemeinen Ersatzpflicht aus Rechtsverletzung, fiel dann auch dieser erklärende Zusatz, der sich nunmehr aus der neuen Fassung der Bestimmung, dem heutigen § 823_1, von selbst ergab.

Demnach sehen auch wir in der Einwilligung in die Verletzung von Leib und Leben entgegen R.G.[1] ein Rechtsgeschäft, welches im Fall seiner Wirksamkeit dem Berechtigten ein sog. Eingriffsrecht (i. S. der v. Tuhr'schen Terminologie[2]) verschafft.

Die Gültigkeit des Einwilligungsrechtsgeschäftes, die sich mit Zitelmann[3] nach den allgemeinen Regeln über Gültigkeit der Rechtsgeschäfte beurteilt, hängt nun in concreto davon ab, ob die privatrechtliche Selbstbestimmung, deren „Instrument" nach Dernburg[4] eben das Rechtsgeschäft ist, auch die Preisgabe von Leib und Leben zu Duellzwecken umfaßt.

Die Antwort lautet, da dem Individuum im modernen Staat ein prinzipiell unbeschränktes Selbstbestimmungsrecht gewähr-

[1] Gegen R.G. auch Fischer, S. 274.

[2] Vgl. Allgemeiner Teil I, S. 180.

[3] A. a. O. S. 61 ff. Dies scheint seit Zitelmann Gemeingut der Wissenschaft geworden zu sein, gegenüber der älteren Lehre die hier mit „verzichtbaren" und „unverzichtbaren" Rechten operierte. In allen Punkten schließt sich ihm an: Oertmann z. § 823 7 d. Auch Enneccerus: dieser bezeichnet noch in der I. Aufl. seines Lehrbuchs (1900) Bd. I, S. 765 als Ausschlußgrund der Rechtswidrigkeit die Einwilligung „es sei denn, daß es sich um ein unverzichtbares Gut handelt"; die IV. und V. Aufl. (1910) Bd. II, S. 598 dagegen führt als Ausnahmen die Zitelmann'schen Fälle an, „daß die Einwilligung gegen ein gesetzliches Verbot oder gegen die guten Sitten verstößt oder aus andern Gründen unwirksam ist". Auch die neueste Untersuchung über die Einwilligung in: Fischer: Die Rechtswidrigkeit mit bes. Berücksichtigung des Privatrechts, 1911, S. 271—280 schließt sich durchaus der Zitelmann'schen Lehre an, hält insbesondere an der Rechtsgeschäftsnatur der Einwilligung fest. Vgl. ebenfalls v. Tuhr Allgem. Teil I, S. 180 Anm. 29. Die ältere Lehre wird z. B. vertreten in den vor Erscheinen des Zitelmann'schen Aufsatzes erschienenen Werken von Crome, System d. deutsch. bürg. Rechts Bd. I (1900) S. 474 und v. Liszt Deliktsobligationen S. 96; doch weisen sowohl Crome (Anm. B.), wie v. Liszt, obgleich sie in der Einwilligung kein Rechtsgeschäft sehen, auf § 138, als Maßstab hin, also per analogiam, während nach der Zitelmann'schen Auffassung dieser Paragraph unmittelbar anwendbar ist.

[4] Pandekten 1 § 91 S. 211.

leistet ist, solange bejahend, als nicht innerhalb der Rechtsordnung, d. h. angesichts ihrer Einheit, innerhalb irgend eines Teils derselben,[1] ein spezielles Verbot der Einwilligung oder doch wenigstens des Handelns trotz Einwilligung eruiert ist. Vgl. B.G.B. § 134.[2] Da das Zivilrecht für unsern Fall nichts derartiges enthält, sind wir zur Lösung dieser privatrechtlichen Frage in letzter Linie eben doch zu einem Abstellen auf das Resultat unserer Exegese der strafrechtlichen Duellbestimmungen genötigt, allerdings nunmehr nach dem Gesagten auch berechtigt.

Damit stehen wir wieder vor der Frage, von der wir ausgingen, vor der Frage nach der juristischen Natur des Zweikampfdelikts, speziell der Frage nach dessen Angriffsobjekt.

Daß in dieser Beziehung aus den Bestimmungen der §§ 205 ff. Str.G.B. nichts Bestimmtes zu entnehmen ist, haben wir oben (§§ 2—4) ausführlich erörtert. J e n a c h d e r S t e l l u n g n a h m e z u d i e s e r s t r a f r e c h t l i c h e n C o n t r o v e r s e, mußte auch die z i v i l e S c h a d e n s e r s a t z p f l i c h t p r i n z i p i e l l b e j a h t o d e r v e r n e i n t werden.

Da die m e i s t e n Z i v i l i s t e n mit der herrschenden (und insoweit auch richtigen) strafrechtlichen Auffassung i m D u e l l wenigstens implicite e i n D e l i k t g e g e n d i e K ö r p e r i n t e g r i t ä t erblicken, den Normenschutz in diesem Falle mithin als Interessenschutz gegen den Willen des Interessierten auffassen müssen, erklären sie ohne weiteres die E i n w i l l i g u n g für n i c h t i g; die wenigen aber, die wie z. B. Seydel[3] i m D u e l l v e r b o t n i c h t einmal *implicite* eine Verpönung der Antastung der Körperintegrität sehen wollen, müssen, da Konkurrenz des Zweikampfdelikts mit den Körperverletzungsdelikten vom Str.G.B. nicht gewollt ist, auch in dieser

---

[1] So Zitelmann S. 69.

[2] Die Berufung auf den allgemeinen Nichtigkeitsgrund des § 138 B.G.B. böte in unserem Fall statt einer Antwort nur eine neue Frage und wäre außerdem angesichts des subsidiären Charakters des § 138 gegenüber § 134 einstweilen verfrüht.

[3] Die Einwilligung des Verletzten. Diss. Rostock 1907, S. 23. Nicht ganz ablehnend verhält sich dieser Auffassung gegenüber: Oertmann z. § 823, 7, d.

Beziehung dem Individuum sein *dominium membrorum suorum*, d. h. sein normales Selbstbestimmungsrecht lassen und folgerichtig auch die Unwirksamkeit der Einwilligung und damit jeden Ersatzanspruch leugnen.

Die ersehnte Erlösung aus dieser Abhängigkeit von der strafrechtlichen Duellauffassung hat uns Zitelmann gebracht. Der Nachweis der Unwirksamkeit der Einwilligung in die Duellverletzung, der im Vorstehenden daraus hergeleitet werden sollte, daß die Duellverletzung trotz der im übrigen alle Erfordernisse erfüllenden Einwilligung verboten ist, und für den daher die Konstatierung eben der strafrechtlichen Duellauffassung unerläßlich war, läßt sich nämlich auch nach einer andern von Zitelmann angegebenen und für unsern Fall verwendeten Methode führen. Die bewußt indirekte, die wir einschlugen und die auch von Zitelmann mehrfach mit Erfolg angewendet worden ist,[1] ist nur für den Regelfall berechnet, daß sich die Rechtsordnung zur Einwilligung selbst neutral verhalte. Dieser Regelfall liegt aber in concreto nicht vor, vielmehr haben wir, was sonderbarerweise vor Zitelmann niemand bemerkt hatte, beim Zweikampf einen der ganz singulären Fälle vor uns, wo die Rechtsordnung aus ihrer gewohnten Reserve gegenüber dem nackten Einwilligungsrechtsgeschäft hervortritt und schon zu demselben an und für sich ablehnend Stellung nimmt. Dies tut sie in § 201 Str.G.B.; indem sie nämlich dort das sog. Kontrahieren, die Duellvereinbarung, deren wesentlicher Bestandteil ja die Einwilligungserklärung bildet, verbietet, erklärt sie diese Vereinbarung auch für das Privatrecht gemäß § 134 B.G.B. für nichtig und die Nichtigkeit des Ganzen zieht naturgemäß die Nichtigkeit des Hauptteils, nämlich der Einwilligung, nach sich.[2] Ist letztere sonach außerstande, als Grund ausgeschlossener Rechtswidrigkeit zu wirken, so ergibt sich von selbst die Subsumierung der Körperverletzung und Tötung im Zweikampf unter die Norm des § 823_1.

[1] Z. B. bezüglich der Einwilligung bei Unzucht gegenüber abhängigen Personen (§ 174), ferner bei Tötung auf Verlangen (§ 216).

[2] Die auf der zivilrechtlichen Unwirksamkeit des Einwilligungsvertrages beruhende Rechtswidrigkeit der Körperverletzung und Tötung im Zweikampf macht diese Verletzungshandlung zu einer

Es besteht demgemäß nach deutschem Recht eine prinzipielle Schadensersatzpflicht sowohl aus Körperverletzung wie aus Tötung im Zweikampf.

§ 8. IV. Anderweitige gesetzliche Regelung der Frage.

Nach alledem scheint mir die Regelung des I. Entw. z. B.G.B., der in § 706 folgende Bestimmung enthielt: „Hat der Beschädigte in die schädigende Handlung eingewilligt, so

verbotenen. Indes hieraus zu folgern, daß nun der Zweikampf Verletzungsdelikt sein müsse, wäre etwas voreilig; denn, wie Zitelmann (S. 14) bemerkt, ist jeder Rechtsteil bei der Aufstellung der Rechtswidrigkeitsausschlußgründe selbständig und es wäre daher wohl möglich, daß das Strafrecht in der Anerkennung der Einwilligung als Grund ausgeschlossener Rechtswidrigkeit weiter ginge als das Zivilrecht. Es könnte demnach auch der in der Einwilligung enthaltenen Willenserklärung, trotz des Zivilrechts, Beachtlichkeit verschaffen und das Duell dann nur im öffentlichen Interesse pönalisieren. Zitelmann S. 57 meint allerdings, daß auch die strafrechtliche Wirksamkeit der Einwilligung auf keinen andern Satz gestützt werden könne, als dem über Wirksamkeit der Rechtsgeschäfte; darum leugnet er, daß die Einwilligung im Strafrecht in weiterem Maße rechtswidrigkeitsausschließend wirken könne, als im Privatrecht. Es ist aber doch m. E. sehr die Frage, ob die Sätze des zivilen Rechtsgeschäftsrechts mit ihrem dem Privatrecht angemessenen, minutiösen Formalismus der Idee des Strafrechts, die eine praktisch-soziale ist, gerecht werden. Zitelmanns Lehre hat denn auch, soviel ich sehe, nur bei Frank (Kom., Vorbemerk. z. IV. Abschn., III) Anklang gefunden. Die übrige strafrechtliche Doktrin bemüht sich noch immer darum, aus dem Geist des Strafrechts feste Rechtsprinzipien herauszudestillieren, ein Verfahren, das gegenüber der *lex lata* sich nie von dem Vorwurf einer gewissen Willkürlichkeit wird freimachen können. Sehr ansprechend ist unter dem gemachten Vorbehalt die „*formale Maxime*“ von zu Dohna (a. a. O. S. 150), die die Entscheidung davon abhängig macht, ob „das beobachtete Verhalten ein solches ist, daß es als rechtes Mittel zu rechtem Zwecke kann betrachtet werden“, resp. mit speziellem Bezug auf die Einwilligung (S. 147) davon, ob „die Preisgabe des betreffenden Interesses im Hinblick auf das letzte Ziel der sozialen Gemeinschaft gerechtfertigt erscheint“. Nahe verwandt mit dieser ist die Theorie von Max Ernst Mayer mit ihrem Abstellen auf „das, was unsere Kultur für verboten und erlaubt erachtet“ (Militärstrafr. I. S. 24).

steht ihm ein Anspruch auf Schadensersatz nicht zu", nicht so bedenklich, wie sie allgemein hingestellt wird;[1] vorausgesetzt freilich, daß man auf dem Standpunkt steht, die Einwilligung sei Rechtsgeschäft. Sie besagt dann lediglich das Selbstverständliche, daß die Einwilligung den Anspruch auf Schadensersatz ausschließt, falls sie wirksam ist. Freilich die Motive Bd. II. S. 730 zu § 706 erklären ausdrücklich: „die Bestimmung trifft auch den Fall, wo die Handlung trotz der Einwilligung eine widerrechtliche und somit eine strafbare bleibt", wozu sie dann mit vollem Recht bemerken: „diese angemessene Ausdehnung ist keineswegs selbstverständlich". Allerdings! sie ist im Gegenteil nur verständlich, wenn man die Einwilligung als rein tatsächliche Willenserklärung im Sinn von Linckelmann auffaßt, und hätte im übrigen der richtigen Auffassung keinen Abbruch tun können.[2] Immerhin hat aus diesen Erwägungen heraus die 2. Kommission die — richtig verstanden — mindestens überflüssige Bestimmung gestrichen (Prot. II. S. 578) und aus gleichem Grund einen Antrag abgelehnt (Prot. II. S. 633), wonach im Entwurf hinter § 727 eine Vorschrift des Inhalts einzustellen sei: „wer einen andern im Zweikampf tötet .... ist nur zur Leistung desjenigen Schadensersatzes verpflichtet, welchen dritte Personen zu fordern haben".

Der Standpunkt, daß die Schadenszufügung seitens eines Duellanten wegen der Unwirksamkeit der Einwilligung rechtswidrig und zu Schadensersatz verpflichtend ist, ist in der deutschen Literatur, wenngleich unter anderer Begründung als oben, der herrschende.

[1] Protokolle d. Komm. f. d. 2. Les. d. Entw. e. B.G.B. Bd. II, S. 578, 579; v. Liszt: Deliktsobligat. S. 96; Oertmann z. § 823, 7 d.

[2] Ich darf vielleicht aus diesem Anlaß auf die (in Deutschland wohl nicht bekannte) Entscheidung des schweizerischen Bundesgerichts Bd. XX. (1894), S. 1015 hinweisen, in welcher das Bundesgericht ausdrücklich erklärt, es könne im Gegensatz zum Entwurf eines deutschen B.G.B. den Grundsatz: *volenti non fit iniuria* in den Fällen nicht anerkennen, „*dans lesquels comme p. e. dans le duel l'action* (hier i. S. v. Handlung, nicht v. Klage) *de l'auteur du dommage reste illicite*". So auch Rossel, *Manuel de droit civil suisse* V. p. 71.

Daneben wird allerdings der Standpunkt vertreten, es müsse zwischen Tötung und. blosser Verletzung unterschieden werden:[1] bei ersterer müsse wegen § 206 Str.G.B., der die Tötung im Duell unter Strafe stelle, stets Rechtswidrigkeit vorliegen, bei Verletzungen dagegen, da diese nicht ausdrücklich unter Strafe gestellt seien, die Rechtswidrigkeit stets entfallen.

Eine bloß auf diese formale Äußerlichkeit gegründete Unterscheidung ist nun, auch wenn man auf anderem als dem von uns vertretenen Standpunkt steht, zu verwerfen; denn das ist wenigstens im Strafrecht so gut wie unbestritten (s. o. S. 9 Anm. 1), daß § 206 nicht die Tötung im Duell, sondern das Duell mit tödlichem Ausgang pönalisiert. Demgemäß ist die Rechtswidrigkeit der Verletzung mit derjenigen der Tötung entweder unterschiedlos zu bejahen, oder aber unterschiedlos zu verneinen.

Mit vielleicht mehr Recht ließe sich gegen die Gleichbehandlung der Tötung und Körperverletzung aus gefühlsmäßigen Erwägungen heraus opponieren, etwa mit dem Argument, daß die Gesundheitsschädigung lediglich den (damit einverstandenen) Einzelnen treffe, der Lebensverlust dagegen auch die (unbeteiligte) Familie, welcher der Getötete als constitutiver Teil derart angehöre, daß eine Verfügung über das Rechtsgut Leben gewissermaßen gegen das Prinzip: *nemo plus iuris transferre potest quam ipse habet* verstieße. Allein diese Auffassung kann nur dem oberflächlichen Betrachter „richtig" erscheinen; denn an der Erhaltung der Körperintegrität ihres Angehörigen hat die Familie oft ein gleiches, nicht selten sogar ein größeres, speziell auch materielles Interesse, wie an der Erhaltung seines Lebens. Auch hier müßte also jener sozial-ethische Gesichtspunkt einschlagen; daß er gerade nach dieser Auffassung hier nicht einschlägt, ist ein Grund mehr zur Ablehnung derselben.

---

[1] Gröber a. a. O. S. 23; Seydel a. a. O. S. 23.

Sie ist überdies, wenn anders unsere prinzipielle Auffassung richtig war, unvereinbar mit den positiven Normen des deutschen Rechts; denn danach ist, wie ausführlich dargelegt, die Einwilligung schlechthin nichtig; zu einer Unterscheidung zwischen Tötung und Körperverletzung im Sinne der besprochenen Ansicht fehlt jeder Anhalt im Gesetz.[1]

Diese Ansicht wird allerdings vertreten von der französischen Praxis.[2] Sie steht aber, anders als im Deutschen Recht, hier wenigstens nicht von vornherein im Widerspruch mit dem Gesetz. Dem französischen Recht fehlen nämlich besondere Bestimmungen über die Bestrafung der Duellvereinbarung;[3] darum kann hier die Unwirksamkeit der letzteren nur mit Hilfe einer stets unsicheren Bezugnahme auf den laxen Begriff der „guten Sitten“ behauptet werden.[4]

Trotzdem darf ich hier eine für unsere Materie grundlegende Entscheidung des französischen Kassationshofs

---

[1] Darüber, daß man den dieser Unterscheidung zugrunde liegenden Äquitätsgedanken auf andere ebenso wirksame, dazu aber weniger oberflächliche Art mit Hülfe des § 254 zur Verwirklichung bringen kann, s. u. § 11.

[2] Vgl. Pandectes françaises, Vo. Duel III. Abschnitt. Für diese Ansicht insbesondere auch Merlin Quest. Vo. Duel § 3 (S. auch die u. wiedergegebene Entscheidung). Gegen dieselbe Fuzier-Herman Répertoire général etc. Bd. 19 (1899) Vo. Duel II. Abschnitt Nr. 69.

[3] Angesichts einer mangelnden ausdrücklichen Regelung im *Code pénal* entschied die französ. Praxis (nach Pandectes françaises l. c. No. 60) in der ersten Zeit (bis 1837) „*que l'homicide commis ou les blessures faites, sans déloyauté, dans les chances d'un duel, dont les parties étaient convenues ne constituent ni crime ni délit*“. Seit 1837 geht sie im wesentlichen dahin (l. c. No. 48): „*que, si le duel n'est pas punissable en lui-même, en tant que duel, il le devient par ses résultats*“.

[4] Auch Oertmann zu § 823, 7 d äußert sich bezüglich der mit Einwilligung erfolgenden Körperverletzung im Prinzip ähnlich dahin, „es verstieße vielfach geradezu gegen Treu und Glauben, wenn der einwilligende Verletzte nachher vom Verletzer Entschädigung forderte“, aber gerade für den Fall des Duells will er offenbar eine Ausnahme gemacht wissen, wie aus verschiedentlichen Äußerungen hervorgeht (Vgl. z. B. z. § 846, 1 b β).

vom 29. Juni 1827[1] zitieren und zwar, da wir für unsre Frage auf sie *mutatis mutandis* auch in anderer Beziehung werden Bezug nehmen müssen, *in extenso.* Sie lautet:[2]

„*Attendu que si du silence de la loi pénale on doit induire que le duel, tout contraire qu'il soit à la religion, à la morale et à la paix publique, n'est passible d'aucune peine, on ne saurait en conclure que l'homicide commis à son occasion, cesse d'être dommageable, parce qu'il demeure impuni,*[3] *et que celui qui cause à une épouse, à des enfants, le plus grand des dommages en les privant d'un époux et d'un père, cesse d'être responsable civilement d'un fait qui n'est pas seulement arrivé par sa négligence ou par son imprudence, mais par sa volonté préméditée; que ces effets d'une convention, par laquelle des citoyens outrageant à l'ordre public et les bonnes moeurs disposeraient de leur vie, ne peuvent être invoqués en justice pour faire perdre à cet homicide jusqu'au caractère de quasi — délit; que lors même que le prétendu consentement du duelliste aux chances défavorables du duel pourrait lui être opposé, s'il venait demander des dommages — intérêts pour les blessures qu'il aurait reçues, ce consentement ne saurait priver sa femme ou ses enfants des droits que la nature et la loi leur assurent et qu'ils réclament directement et en leur propre nom pour le préjudice personnel qu'ils éprouvent, et qu'en adjugeant les dommages la Cour d'appel etc. . . ., Rejette . . . .*“

Der Schadensersatzanspruch wird hiernach, was besonderer Betonung bedarf, nur mit Rücksicht darauf gewährt, daß den Hinterbliebenen selbständige Rechte zustehen; im Übrigen hat die Einwilligung zivilrechtlich,

---

[1] Den Hinweis auf die Entscheidung verdanke ich den Pandectes françaises l. c. No. 102.

[2] Zitiert nach: *Recueil général des lois et des arrêts, rédigé sur l'ancien recueil de Sirey par Devilleneuve et Carette. Ière serie*, 8ième vol. (1825—1828), *Ière partie*, p. 628.

[3] Es wird also hier, worauf besonders aufmerksam gemacht sei, sogar zu einer Zeit, da die Tötung im Duell in Frankreich straflos war, (s. o. S. 26 Anm. 3) ein Schadensersatzanspruch anerkannt.

wenigstens nach der Auffassung des Kassationshofs, die Wirkung, die Rechtswidrigkeit aufzuheben. Sonderbarerweise hat sie strafrechtlich nach französischer Praxis diese Wirkung nicht. Vgl. die Pandectes l. c. No. 91, 92 zitierten Entscheidungen, wonach:

„*le duel ne peut perdre le caractère de délit . . . sous prétexte que les coups et blessures ou le meutre qui en résultent sont l'effet de l'accord mutuel des combattants et de leur renonciation réciproque à recourir à l'action repressive de la loi.*"[1]

Der Grund liegt vielleicht darin, daß auch hier die Ahndung mehr im öffentlichen Interesse erfolgt. Jedenfalls besteht in dieser Frage nach französischem Recht keine ausgesprochene Wechselbeziehung zwischen Zivil- und Strafrecht.

Von der deutschen partikularrechtlichen Gesetzgebung ist die Frage mehrfach ausdrücklich geregelt worden.

Das badische Gesetz vom 6. März 1845 über die privatrechtlichen Folgen der Verbrechen[2] steht auf dem gleichen Standpunkt wie die französische Praxis, denn es versagt zwar bei Körperverletzung, nicht aber bei Tötung den Schadensersatzanspruch.

Dagegen versagt das gleichnamige württembergische Gesetz vom 5. September 1839 jeden Ersatzanspruch, sowohl bei Körperverletzung wie bei Tötung;[3] wahrscheinlich unter dem Einfluß Wächter's, des Vorsitzenden

---

[1] Vgl. auch eine u. S. 31 Anm. zu besprechende Entscheidung des Kassationshofs, wo vollkommen analog der Bestimmung des § 201 Str.G.B. die „*convention de duel*" als „*fait illicite*" erklärt wird.

[2] § 13: „Der Urheber einer im Zweikampf .. begangenen Tötung oder Körperverletzung ist nur zu derjenigen Entschädigung verpflichtet, welche dritte Personen (§ 3—5) zu fordern haben."

[3] Art. 13 Abs. 3: „Diese Klage (d. i. die Schadenersatzklage bei Tötung) findet jedoch nicht statt, wenn die Tötung im Zweikampf . . . geschehen ist." Art. 14 Abs. 3: „Bei Körperverletzungen im Zweikampf findet keine Entschädigung statt." (Zitiert nach Wächter: Fortschritte in der Zivilgesetzgebung in Württemberg. Arch. f. d. zivil. Prax. Bd. 23, S. 80 ff.).

der Redaktionskommission, der ja, wie o. S. 10 Anm. 4 gesagt, im Duell ein reines Polizeidelikt sieht.

Das sächsische B. G. B.[1] hinwiederum steht ganz auf dem Standpunkt, den schließlich das deutsche B.G.B. im Gegensatz zu den Motiven eingenommen hat.

§ 9. Die Notwehr gegen den Zweikampfangriff.

Ist der in den bisherigen Ausführungen unternommene Nachweis der Rechtswidrigkeit der gegenseitigen Angriffshandlungen der Duellanten gelungen, so ergibt sich als selbstverständliche Konsequenz hieraus die Bejahung der Möglichkeit einer Notwehr dagegen. Wenn wir uns nun nichtsdestoweniger anschicken, unsere Bedenken gegen diese Möglichkeit vorzubringen, sind diese Bedenken nicht zugleich Bedenken gegen die prinzipielle Richtigkeit unserer Deduktionen? Wir glauben nicht! Es wird allerdings kaum jemals einem Duellanten auch nur einfallen, eine von ihm in bewußt kommentwidriger Abwehr begangene Verletzung[2] des Gegners unter dem Vorwand der Notwehr zu rechtfertigen. Der Jurist hingegen repliziert auf die Frage: gegenwärtiger, rechtswidriger Angriff, gleichsam automatisch mit Notwehr! Und in der Tat — mag auch diese Möglichkeit der bisherigen Zweikampfliteratur, speziell der deutschen, kaum der Widerlegung wert geschienen sein[3] — ist jene, sittlich

[1] §§ 118, 780. Vgl. Motive z. B.G.B. Bd. II, S. 770, 792.

[2] Es handelt sich im folgenden, wie nicht zu vergessen, nur um die rechtliche Qualifikation der kommentwidrigen Verteidigung gegenüber dem noch nicht abgeschlossenen Angriff. Dagegen kann davon natürlich keine Rede sein, daß bei dem regelmäßigen Turnus von Angriff und Gegenangriff der Gegenangriff etwa als Ausübung der Notwehr gegen den vorhergegangenen Angriff des Gegners hingestellt werden könnte, denn der erste Angriff ist immer bereits abgeschlossen, wenn der Gegenangriff erfolgt; allerdings ist bei Duellen auf Hieb oder Stich die Unterscheidung eine ziemlich flüssige.

[3] Die meines Wissens einzige Erörterung der Frage nach B.G.B. befindet sich bei Enneccerus I. § 221, 2, c: „Bei gegenseitigen rechtswidrigen Angriffen, insbesondere bei Duell, liegt keine Notwehr vor, weil beide Parteien nicht nur den Zweck der Verteidigung,

unter aller Kritik stehende Handlungsweise juristisch nichts anderes als die erforderliche Reaktion gegen einen unmittelbar bevorstehenden rechtswidrigen Angriff, welcher nach B.G.B. § 227 die Qualität der Rechtmäßigkeit nicht so ohne weiteres abgesprochen werden kann.

Die Tatsache, daß der Notwehrer sich mit der Vornahme der Angriffshandlung vollkommen einverstanden erklärt hat, vermag, wie sie die Rechtmäßigkeit der Angriffshandlung nicht zu bewirken vermochte, ebensowenig umgekehrt angesichts der erschöpfenden Aufzählung der Notwehrvoraussetzungen in § 227 die Rechtmäßigkeit der Notwehrhandlung aufzuheben. Das ist unbestreitbarer Ausfluß der Notwehrauffassung unseres B.G.B.

---

sondern auch den des Angriffs verfolgen". Diese Argumentation ist sehr vage; insbesondere läßt sie nicht erkennen, ob sie nur dem Gegenangriff den Charakter einer Notwehrausübung gegenüber dem vorangegangenen Angriff benommen haben will, womit nur eine Selbstverständlichkeit besagt wäre (s. o. Note 2), oder ob sie auch die „unkommentmäßige" Verteidigung für ungerechtfertigt erklärt, in welchem Fall sie einer eingehenderen Begründung bedurft hätte. Auch die zwei Äußerungen, die ich zu dieser Frage in der französischen zivilistischen Judikatur auffinden konnte, begnügen sich mit einer mehr gefühlsmäßigen als juristischen Begründung, wobei freilich zu bedenken ist, daß der *Code pénal* anders als Str.G.B. keine Definition der Notwehr enthält (vgl. *Code pénal* a. 328), dieselbe vielmehr der Wissenschaft überläßt. In einer derselben, einem Urteil des Appellhofs Bordeaux vom 5. April 1852 (*Sirey, recueil général*, 2ième *serie*, An 1852 p. 422) wird entschieden, „*que le duelliste ne peut non plus s'abriter sous l'égide de la nécessité actuelle de la défense légitime*; *car c'est par un acte de sa volonté et en se sacrifiant à un fatal préjugé qu'il s'expose à donner la mort ou à la recevoir*". Das wäre ohne weiteres nur richtig, falls die Einwilligung in die Angriffshandlung dieselbe zu einer rechtmäßigen oder wenigstens rechtlich irrelevanten machte. Da sie das nicht tut, der Angriff vielmehr rechtswidrig bleibt (auch nach französ. Recht s. o. S. 27), bedurfte der Ausschluß der Notwehr in concreto näherer Begründung. Der Notwehrausschlußgrund könnte nun nach französischem Recht darin gefunden werden, daß der Angriff verschuldet war; denn dies Moment, das nach deutschem Recht wegen der erschöpfenden Aufzählung der Notwehrvoraussetzungen in § 227 (leider ?) unberücksichtigt

Allerdings sind angesichts gewisser unerquicklicher Konsequenzen derselben, wie sie ja auch in unserem Fall so eklatant zum Vorschein traten, schon wiederholt Theorien aufgetreten, welche die Notwehr bei moralischer Verwerflichkeit derselben auch als rechtswidrig erweisen sollten. Aber alle diese Theorien müssen, als unvereinbar mit dem geltenden Recht, abgelehnt werden.[1] Auch die neueste von Fischer, die sich mit teilweise neuen Argumenten bemüht, den Gesichtspunkt der Schuldabwägung bei der Notwehr als Prinzip des positiven Rechts nachzuweisen.

Die Ansicht Fischers, auf die hier ihrer Originalität halber etwas näher eingegangen werden soll, geht dahin (S. 247), „daß, wo der Notwehrtatbestand nur zwei Personen, Angreifer und Angegriffenen, berührt, der schuldige Angegriffene regelmäßig dem Angreifer gegenüber ein Notwehrrecht nicht für sich in Anspruch nehmen darf".

Diese Auffassung ist *de lege ferenda* nur billigenswert. Fischer möchte sie auch als geltendes Recht hinstellen und zwar mit der Begründung aus dem Charakter der Notwehr als „ein sub-

bleiben muß, mag vom französischen Recht deshalb sehr wohl als dem Notwehrbegriff wesentlich angesehen werden, weil dasselbe die Begriffsbestimmung der Notwehr, die es lediglich in *Code pénal* a. 328 erwähnt, der Wissenschaft überlassen hat. Jedenfalls können wir uns die Argumentation der erwähnten Entscheidung für das deutsche Recht nicht zu eigen machen.

Die andere Entsch., des Kass.-Hofs vom 20. Februar 1863 (Dalloz 64, p. 100) verneint Notwehr aus dem Grunde, daß „*la prétendue convention de duel, de laquelle on voudrait faire résulter pour l'une et l'autre parties un cas de légitime défense est un fait illicite*". Hier wird die Frage eigentlich erst da angepackt, wo sie bereits gelöst sein sollte; denn in erster Linie handelt es sich doch darum, zu ergründen, warum denn ein *fait illicite*, statt gerade ein Notwehrrecht zu erzeugen, umgekehrt dasselbe ausschließt.

[1] Einen Anhalt für seine, eine Ersatzpflicht des schuldhaften Notwehrers befürwortende Auffassung sieht Staudinger-Riezler (z. § 227 Erl. 3 a) in der Analogie des § 228 Satz 2. Dieser Hinweis geht fehl, denn die Grundsätze logischer Interpretation fordern gebieterisch dem argumentum e contrario aus eben dieser Bestimmung des § 228 S. 2 den Vorrang vor dem Analogieschluß einzuräumen.

jektives Recht, ein Persönlichkeitsrecht, sie dient der Erhaltung des Friedens, sie ist von pönalem Element frei, sie wird dem Angegriffenen . . . . nicht eingeräumt, weil und soweit der Angreifer verdient verletzt zu werden, sondern weil und soweit der Angegriffene Selbstverteidigung zu üben . . . . verdient". Indes diese rechtsphilosophischen Erwägungen entbehren einstweilen jeglichen Anhalts im Gesetz.

Abzulehnen ist daher auch die aus dieser Grundauffassung gezogene Einzelkonsequenz für den uns interessierenden Fall einer von vornherein unwirksamen Einwilligung in die Verletzung.[1] Für diesen Fall sollen nämlich nach Fischer (250 ff.) nicht Notwehr-, sondern Notstandsgrundsätze Platz greifen. Dies kann nun kaum so zu verstehen sein, daß in diesem Fall nur scheinbar Notwehr, tatsächlich jedoch Notstand vorliege, vielmehr will der Autor offenbar damit ausdrücken, daß bei dieser Kollision von Unrecht und Unrecht die gleichen Grundsätze angemessen seien, wie sie bei der Kollision von Recht und Recht, d. h. beim Notstand zur Anwendung gelangen, nämlich die Grundsätze der Subsidiarität und der Proportionalität.

Auch diese Einzelkonsequenz Fischer's hat, wie die ihr zu Grunde liegende Auffassung, etwas Bestechendes. Sie unterliegt aber auch den gleichen Einwänden wie diese. B.G.B. (wie Str.G.B.) sehen eben, worauf gerade Fischer (S. 207 ff.) in seiner Polemik gegen die Theorien von R. Merkel und Liepmann hinweist, in der Notwehr keine Interessenkollision, vielmehr erzeugt j e d e r widerrechtliche Angriff in der Person des Angegriffenen das Notwehrrecht.[2]

---

[1] Darüber, daß solche Einwilligung beim Duell vorliegt, s. o. § 5.

[2] Das französische Recht hat hier, wie o. S. 30 Note 3 gesagt, seiner Wissenschaft freie Bahn gelassen. Diese läßt denn auch (nach Pand. franç. Vo. Légitime défense No. 25) Notwehr nur bei unvorhergesehener Gefahr zu; „*le danger doit être imprévu; car il est certain que la personne qui aurait pu le prévoir a eu tort de s'y exposer, au risque de perdre la vie ou de l'enlever à autrui. Elle a à se reprocher son imprudence ou sa témérité. Celui qui a tué son adversaire dans un duel ne peut invoquer l'exception de légitime défense.*"

Trotzdem ist der gutgläubige Angreifer auch nach der *lex lata* diesem formalen Recht des willentlich Angegriffenen nicht schutzlos preisgegeben. Vielmehr kommt auch ihm § 826 B.G.B. zugute, welcher eine Rechtsausübung[1], richt. Ans. nach[2], dann zur schadensersatzpflichtigen, wenn nicht sogar zur widerrecht-

Auch der Entw. z. schweiz. Str.G.B. Art. 26 trägt den besonderen Umständen des Falls insofern Rechnung, als er den Angegriffenen nur berechtigt, „den Angriff in einer den Umständen angemessenen Weise abzuwehren". Das neue Obligationenrecht Artikel 52 hingegen hat dies Moment nicht aufgenommen. Enneccerus I § 221 I 3 meint, daß dieser Grundsatz der Angemessenheit auch für B.G.B. Geltung beanspruchen könne: „wenn das Gesetz hier die Abgrenzung unterläßt, so vertraut es auf die gesunde Vernunft und Menschlichkeit des Richters". Man muß sich indes doch angesichts der Technik des B.G.B. fragen, ob ein so wichtiges Prinzip, falls es dem Gesetzgeber wirklich vorschwebte, nicht im Gesetzestext Ausdruck hätte finden müssen.

[1] Daß Notwehr ein subjektives Privatrecht sei, wird m. E. von Fischer mit Recht angenommen. Dagegen freilich die meisten; dafür insbesondere Titze, Notstandsrechte (Diss. Berlin 1897) S. 32—36 und 73, „da der in Notwehr Befindliche zweifellos auch die Befugnis haben muß, ein entgegenstehendes subjektives Recht des Angreifers zu verletzen, dies aber, ... wiederum nur von einem subjektiven Rechte überwunden wird"; jetzt auch v. Tuhr: Allgem. Teil I S. 180 (vgl. auch S. 62, 159 ff.), der die Notwehr in die Gruppe der von ihm sog. Eingriffsrechte einreiht; neuestens, wie gesagt, ausführlich Fischer S. 210—215, welcher in diesem Notwehrrecht einen Ausfluß des von ihm angenommenen absoluten Rechts der Persönlichkeit sieht.

[2] Die Gegenansicht, welche Rechtsausübungshandlungen von § 826 ausschließen will, entbehrt jeglichen Anhalts im Gesetz. Sie wird fast nur mehr vertreten von Planck zu § 826, 2 d und neuerdings wieder von Fischer S. 143; bei diesem mag sie, wie ich vermute, auch insofern bedeutsam geworden sein, als sie ihn auf seiner Suche nach einem Korrektiv gegen die unbilligen Härten des § 227 von der so naheliegenden Heranziehung des § 826 abhalten mußte und ihn so mittelbar zwang, zu einer nicht unbedenklichen Theorie (darüber o. S. 31 ff.) seine Zuflucht zu nehmen. Die Anwendung des § 826 wird übrigens speziell bei Notwehr auch von Oertmann zu § 227 2 γ für den Fall empfohlen, daß sich die Ausübung der Notwehr als „unerhörte Freveltat" darstellt; ebenso von Titze S. 94 für den Fall, daß jemand „absichtlich eine Notwehrlage provoziert, um dabei fremdes Rechtsgut straflos verletzen zu können".

lichen[1] stempelt, wenn in dieser Rechtsausübung eine illoyale Handlungsweise liegt. Wenn einer, handelt aber illoyal, wer in einer Vereinbarung, wie sie unter Ehrenmännern nicht nur nicht als unsittlich, vielmehr als völlig sittengemäß empfunden wird, seine Zustimmung dazu gibt, daß ein anderer gegen ihn Angriffshandlungen unternehme, dann jedoch, wenn der andere, bauend auf diese Zustimmung, wirklich angreifen will, ihn meuchlings niederschlägt! Solcher Illoyalität gegenüber darf die Rechtsordnung mit ganz hervorragender Berechtigung reagieren, da sie gerade auf diesem Gebiet der besonderen Sensibilität gewisser Bevölkerungsklassen besondere Konzessionen machen zu sollen glaubte und daher auch bei Verstößen gegen den Komment dieser Klassen mit Fug besonders empfindlich sein darf.[2]

Auch die Anwendung des § 226 ist in manchen dieser Fälle nicht von der Hand zu weisen. Will nämlich einer der Duellanten, etwa weil ihm plötzlich um sein Leben bangt, wirklich lediglich die Abwendung des Angriffs, so steht ihm regelmäßig das einfache Mittel zu Gebote, durch bloße Erklärung das Duell und somit auch die Angriffe zum Stillstand zu bringen. Wählt er statt dessen zur Abwehr des Angriffs, pochend auf das Unrecht des Angreifers, die Verteidigung mit den Waffen, so ist dafür offenbar der Verteidigungszweck nicht mehr treibendes Motiv, vielmehr hat die Ausübung des Notwehrrechts „nur“ den Zweck, dem Andern Schaden zuzufügen. Sie ist mithin nach § 226 widerrechtlich[3]

---

[1] Bestritten! dafür die meisten, eingehend neuerdings Fischer S. 140—146; dagegen mit äußerst gewichtigen Argumenten, insbesondere aus der Vergleichung mit § 226, Oertmann zu § 826, 1 u. 3, auch Titze S. 7. Die Frage ist in concreto insofern bedeutsam, als von ihrer Beantwortung abhängt, ob etwa der Sekundant des Andern bei Voraussicht solcher Kommentwidrigkeit zum Eingreifen berechtigt ist; ist nämlich die Handlung keine rechtswidrige, so wird man wohl oder übel die Notwehr und somit auch die Nothülfe dagegen versagen müssen. Ein nicht gerade erquickliches Resultat!

[2] Für Berücksichtigung der Auffassung der verschiedenen Bevölkerungsklassen über den Begriff der guten Sitten auch Oertmann zu § 826, 2 c.

[3] Von ähnlichen Erwägungen ausgehend, hat Bayer. Oberst. L. G. (Entsch. i. Strafs. 4. S. 237) entschieden, daß, wer im Verlauf einer

und erzeugt einen prinzipiellen Schadensersatzanspruch des verletzten Angreifers gemäß § 823_1.

Zur Bestätigung dieses Resultats gelangt man übrigens auch durch nähere Betrachtung der strafrechtlichen Duellnormen. Auf jeden Fall stellt nämlich, wie gesagt, die Ausübung des angeblichen Notwehrrechts eine grobe Kommentwidrigkeit dar, kommentwidrig zugefügte Verletzungen aber werden gemäß Str.G.B. § 207 „nach den allgemeinen Vorschriften über das Verbrechen der Tötung oder der Körperverletzung", eventuell sogar noch schärfer bestraft. Damit ist doch wohl bei Kommentwidrigkeit implicite die Berufung auf Notwehr ausgeschlossen. Mag auch, zugegeben, derjenige, der von der Unabhängigkeit der einzelnen Rechtsteile durchdrungen ist, dieser Argumentation mit Bezug auf das Zivilrecht die Schlüssigkeit versagen, so wird doch auch er sich der Einsicht nicht verschließen können, daß es absurd wäre, wenn ein Moment, welches das Strafrecht zu qualifizierter Ahndung veranlaßt, im Zivilrecht umgekehrt die Aufhebung der Rechtswidrigkeit zu bewirken vermöchte.

Letztere Argumentation trifft allerdings nur den Fall der Notwehr i. e. S., d. h. den Fall, wo als Notwehrübender der Angegriffene selbst auftritt. Es bleiben nunmehr aber noch einige Worte über die Zulässigkeit der Notwehr seitens Dritter, m. a. W. der sog. N o t h ü l f e zu sagen. Die Sachlage ist hier insofern äußerlich komplizierter, als dabei auch der besondere Fall einer Nothülfe gegen den Willen des in Not Befindlichen der Erwägung bedarf. Indes eine nähere Erörterung erübrigt sich durch die bloße Betrachtung des Zwecks der Nothülfe. Dieser geht offenbar dahin, zu verhindern, daß das Recht des Angegriffenen, seine Güter zu schützen, an seiner Ohnmacht zu Schanden gehe; er ist mithin ein wesentlich subsidiarischer. Hieraus folgt einmal, daß es ein Nothülferecht gegen den Willen des in Not Befindlichen nicht gibt: „*beneficia non obtruduntur*".[1] Die dahingehende Willens-

---

Prügelei den gerade Angreifenden aus Wut niederschlägt, nicht in Notwehr handle. So auch Fischer S. 138.

[1] Dasselbe Prinzip ist nunmehr in den Beschlüssen der Strafrechtskommission für den analogen Fall des Notstandes zum Aus-

erklärung des Angegriffenen kann auch stillschweigend erfolgen und ist bei den Zweikämpfen regelmäßig darin zu erblicken, daß er sich willentlich unter Vereinbarung der näheren Modalitäten den Angriffen aussetzt; damit drückt er implicite aus, daß er sich die Nothülfe jedes Dritten verbitte.[1]

Aber auch wenn er ausdrücklich das Gegenteil täte, z. B. arglistiger Weise mit seinem Sekundanten verabredete, daß, wenn es nicht anders ginge, dieser unter dem Deckmantel seiner Funktionen in einem gegebenen Moment den Gegner töten solle, so kann für diese Freveltat natürlich auch nicht unter Berufung auf das Nothülferecht eine gesetzliche Legitimation beansprucht werden. Der obige Gesichtspunkt schlägt freilich hier nicht ein; aber auch das folgt aus dem subsidiarischen Wesen der Nothülfe, daß sie da unerlaubt ist, wo sogar der Angegriffene selbst kein Notwehrrecht hat.[2] Daß ein solches beim Duell dem Angegriffenen

---

druck gelangt. Danach soll sich im Gegensatz zu Vorentw. und Gegenentw. der Nothelfer auf Notstand dann nicht berufen können, wenn er gegen den Willen dessen handelt, der sich in der Notlage befindet. Vgl. darüber Paul Merkel, Notrechte und strafausschließende Notlagen im künftigen Strafrecht i. Monatsschr. f. Krim. Psychol. 1912 H. 2, S. 114.

[1] Ähnlich hat Titze, Notstandsrechte S. 92 Note 49, die Notwehr gegen denjenigen, der einen andern, wenn auch Einwilligenden, behufs Untauglichmachung zur Wehrpflicht verstümmelt (Str.G.B. § 142), für unzulässig erklärt, mit der Begründung, daß es in diesem Fall an der Voraussetzung des „Angriffs“ fehle, da der andere die Einwirkung auf seinen Körper gestattet habe. — Diese Begründung weicht von der unsern nicht so sehr ab, wie es auf den ersten Blick scheinen könnte.

[2] Die gegen dies Prinzip geäußerten Zweifel (Fischer S. 247) treffen nur den hier nicht vorliegenden Fall, daß dem Nothelfenden die Umstände, welche das Notwehrrecht des Angegriffenen ausschließen, unbekannt sind. Für diesen Fall nimmt Fischer mit Recht an, es sei die Notwehr des Dritten berechtigt „aber nicht um des konkreten Angegriffenen willen, sondern zur Unterstützung der Menschenhülfe in abstracto: dem Dritten, der zur Aufrechterhaltung des bestehenden Zustandes eingreift, kann keine causae cognitio . . . zugemutet werden“.

nicht zugesprochen werden kann, ist dargelegt. Das gleiche hat auch für die Nothülfehandlung zu gelten.

C. Festsetzung des Schadensersatzes.

§ 10. I. Einfluss der „vorwiegenden Verursachung".

Muß man nach dem Gesagten der Einwilligung die gewollte Wirkung versagen, so kann man darum doch nicht die Tatsache ignorieren, daß die Wirkung gewollt war, daß m. a. W. eine Einwilligungserklärung abgegeben worden war. Ist doch ein eigentliches Duell und damit auch die rechtswidrige Schädigung, deren mittelbare Ursache eben das Duell ist, erst möglich geworden durch diese Erklärung desjenigen, in dessen Person die Schädigung entstanden ist. Diese Schädigung konnte er natürlich voraussehen, als er den Angriff auf seine Körperintegrität gestattete. Es hat also bei der Entstehung des Schadens schon insofern ein schuldhaftes Verhalten oder, wie es das Gesetz ungenau ausdrückt, ein „Verschulden" des Geschädigten mitgewirkt.[1] Wir haben es zu tun, mit einem Fall jenes berühmten „Verschuldens gegen sich selbst" im Sinn von Zitelmann,[2] d. h. mit einem Verhalten, welches „Mißbilligung vom eigenen Interessenstandpunkt aus" verdient.[3]

In solchen Fällen hängt — außer von den „Umständen", worüber ausführlich u. S. 39 ff., — nach § 254 „die Verpflichtung zum Ersatz sowie der Umfang des zu leistenden Ersatzes....

---

[1] Auch diese Handlung des Beschädigten steht wie die des Schädigers mit dem Erfolg in adäquatem Kausalzusammenhang. Eine sog. Unterbrechung des Kausalzusammenhangs durch die letztere Handlung ist nicht anzunehmen. Es handelt sich vielmehr, lediglich um eine mittelbare und eine unmittelbare Ursache. So auch Oertmann z. § 254, 1 a.

[2] Zitelmann, Recht des B.G.B. Bd. I, S. 166 ff.

[3] Rümelin, die Verwendung der Kausalbegriffe etc. Arch. f. ziv. Prax. Bd. 90, S. 312.

insbesondere davon ab, inwieweit der Schaden vorwiegend von dem einen oder dem andern Teile verursacht worden ist", oder, wie Oertmann (Kommentar z. § 254 1 a β ββ) dies ausdrückt, davon, inwieweit „unter den beiden als Ursache anzusehenden Bedingungen die eine oder die andere vom Standpunkt der abschätzenden Beurteilung so sehr als die bedeutsamere, überwiegende erscheint, daß die andere in der Bewertung dagegen zurücksteht"[1].

Sieht man danach allein auf dies rein äußerliche Kriterium der vorwiegenden Verursachung, so ergibt sich, da das Setzen einer unmittelbaren Bedingung gegenüber dem Setzen einer bloß mittelbaren regelmäßig als überwiegende Verursachung erscheint,[2] daß mithin der Verletzte keinesfalls seine Verletzung „vorwiegend verursacht" hat.

Allein diese ganze Untersuchung hat in den Regelfällen nur theoretische Bedeutung, weil die Berücksichtigung der „Umstände" des Falles (s. folgenden §) das so gewonnene Resultat völlig modifiziert. Sie wird bedeutsam in den Fällen, wo die „Umstände" ergeben, daß sich die beiderseitigen Verschuldungen die Wage halten, wo also die Schuldabwägung zu keinem Ziele führt. In diesen gewiß seltenen Fällen läge es nahe (und wird auch von Gröber, dem einzigen, der sich damit befaßt, implicite[3] vertreten), den Schadensersatzanspruch ganz zu versagen; allein hier müssen wir nach dem Wortlaut des Gesetzes den Schaden vornehmlich von dem tragen lassen, von dem der verletzende Hieb oder Schuß ausging; denn er ist derjenige, der die unmittelbarste und insofern bedeutsamste Bedingung zum Erfolg gesetzt hat und somit den Schaden „vorwiegend verursacht" hat. Also

---

[1] Mit Recht bemerkt dazu Oertmann a. a. O.: „ob eine solche Abweichung vom Standpunkt einer andern als der Birkmeyer'schen Kausalitätstheorie grundsätzlich statthaft erscheint, kann gegenüber der bestimmten Vorschrift des Gesetzes nicht in Frage kommen".

[2] Oertmann zu § 254, 2 b β.

[3] S. das folgende.

soweit Erfolgshaftung oder, wie der präzisere französische Ausdruck lautet: Haftung' „*pour le fait*"! Indessen nur als ultima ratio; als solche aber ist dies (mannhafte) Einstehen für die „Tat" nicht nur erträglich, sondern auch, insbesondere beim Duell, durchaus angemessen.

Gröber würde, wie oben bemerkt, die Frage zweifellos anders entscheiden; denn er will,[1] entgegen dem klaren Wortlaut des § 254, das vorwiegende Verursachen einfach nicht berücksichtigen, denn „Recht und Billigkeit sollen entscheiden über das Maß des Schadensersatzes, nicht die beiderseitige Geschicklichkeit oder der Zufall". — Daß nach obiger Auffassung Recht und Billigkeit ebenfalls auf ihre Rechnung kommen, nicht minder aber der Wille des Gesetzes, hoffen wir oben gezeigt zu haben, und werden übrigens die Ausführungen des folgenden § noch erhärten.

§ 11. II. Einfluss der „Umstände", insbesondere der Vorgeschichte des Duells.

Es ist gegen Ende des vorigen § (o. S. 38) bemerkt worden, daß die Bedeutung der vorwiegenden Verursachung, auf die nach dem Gesetz in erster Linie abzustellen ist, eine mehr theoretische ist. In der Tat bringt sie es nur äußerst selten zu praktischer Berücksichtigung, vielmehr wird sie regelmäßig in den Hintergrund gedrängt durch die Macht der „Umstände", von denen, wenn auch nur in zweiter Linie, nach § 254 Ersatzpflicht und Ersatzumfang abhängig gemacht ist; immer vorausgesetzt natürlich, daß „bei der Entstehung des Schadens ein Verschulden des Beschädigten mitgewirkt" hat.

Nicht hierher gehört die im sog. „Kontrahieren" und im „Antreten" zum Zweikampf liegende Schuld. Sie kommt allerdings insofern in Betracht, als sie allein uns überhaupt zu einer Berücksichtigung der vorwiegenden Verursachung berechtigt, indem, wenn sie nicht vorläge,

---

[1] a. a. O. S. 61 ff., 65 gegen Oertmann z. § 254, 2 a; wie Gröber insbes. Träger, Cosack und die andern bei Oertmann a. a. O. Zitierten.

die prinzipale Voraussetzung für die Anwendung des § 254, ein „Verschulden bei der Entstehung des Schadens", fehlen würde. Insofern ist sie aber bereits durch das im vorigen § Gesagte erledigt. Selbständig kommt diese im Kontrahieren und Antreten liegende Schuld nicht in Betracht, da sie ja auf beiden Seiten in gleichem Maße vorhanden ist und mithin von vorneherein ungeeignet ist, einen Maßstab für die Bemessung des Schadensersatzes abzugeben.

In Betracht bei der Bemessung des Schadensersatzes kommen vielmehr einzig die „Umstände", die zum Duell geführt haben.[1]

Freilich darf man nicht, wie v. Liszt, verlangen, daß das eigene Verschulden sich gerade auf den schädigenden Erfolg beziehe.[2] Das schuldhafte Verhalten, das wir im Auge haben, steht mit dem Erfolg in keinerlei adäquatem Kausalzusammenhang, sondern

---

[1] Diesen Gesichtspunkt entnehme ich im wesentlichen dem alten französischen Rechtsgelehrten Merlin (1754 bis 1838) zitiert in den Anmerkungen zu der o. S. 27 wiedergegebenen Entscheidung des Kassationshofes. Danach sagt Merlin: „*on doit distinguer la faute générale, qui consiste à prendre part à un duel, faute commune à l'homicide comme à la victime, et la faute particulière, qui consiste dans l'injure, la provocation etc. C'est cette faute particulière, qui seule doit donner lieu à des dommages-intérêts; seule elle engage la responsabilité du duelliste vis-à-vis de la famille de l'homicidé. La première est un fait dont la société seule peut lui demander compte.*"

[2] Deliktsobligationen, S. 82: „Vorsatz wie Fahrlässigkeit muß sich hier ganz zweifellos auf den verursachten Schaden beziehen." Wie v. Liszt auch Rtspr. d. O.L.G. II, S. 440: A. wird beim Ehebruch mit der Frau des B. ertappt und von diesem im Affekt getötet. O.L.G. (Stuttgart) nimmt keine Mitwirkung des A. bei der Entstehung des Schadens an. Dies ist m. E. sehr rigoros; dagegen tritt Gottschalk, Das mitwirkende Verschulden, 1903 S. 76, der diese Entscheidung zitiert, derselben bei, da die Entstehung des Schadens erst mit der verletzenden Handlung des B. begonnen habe. Nach unserer Meinung hat A. jedenfalls bei der Entstehung des Gesamttatbestandes im Oertmann'schen Sinn mitgewirkt und das genügt nach dem oben Gesagten zur Mitwirkung im Sinn des Gesetzes.

es hat nur, um mit Oertmann zu reden, „bei der Entstehung des Gesamttatbestandes, anläßlich dessen jemand verletzt worden ist“,[1] in concreto in der Vorgeschichte des Duells gewirkt, aber das muß mit Oertmann genügen.[2]

Allerdings die Bemessung des Schadensersatzes im Einzelfall kann zu Schwierigkeiten führen: derjenige, der den Schaden im Sinn von § 254 „vorwiegend verursacht“ hat, also der Verletzer, braucht nicht derjenige zu sein, den bei der Entstehung des Gesamttatbestandes das „überwiegende Verschulden“ trifft, oder aber er kann zugleich dieser selbe sein.

Es dürften dies m. E. vor allem die Fälle sein, in denen der „Vorentwurf zu einem Deutschen Str.G.B.“ § 221 Abs. 2 mit Gefängnis statt mit Haft straft, d. h. die Fälle, in denen der Zweikampf „freventlich verschuldet“ ist. Als Beispiel führt die „Begründung“ zum Vorentwurf (S. 652) an denjenigen, „der seinen Gegner absichtlich durch schwere und grundlose Beleidigung herausgefordert und zum Duell genötigt hat, der Händelsucher und Raufbold, der es durch sein Verhalten auf den Zweikampf angelegt hat, mag er es auch verstanden haben, sich die Rolle des Geforderten zu sichern. Freventlich verschuldet den Zweikampf aber auch derjenige, welcher einen andern durch Verletzung seiner Familienehre (Ehebruch mit seiner Frau, Verführung seiner Tochter) zum Zweikampf treibt“.[3]

Unter diesen äußersten „Umständen“ rechtfertigt es sich m. E., einerseits, ungeachtet der vorwiegenden Verursachung seitens des „Unschuldigen“ (sit venia verbo), die Haftung gegenüber dem im obigen Sinn „Schuldigen“ ganz auszuschließen, andererseits die Haftung dieses „Schuldigen“ gegenüber dem „Unschuldigen“, ungeachtet der wenigstens

[1] Oertmann z. § 254,2 f.

[2] Jbid.

[3] Man vgl. hierzu auch den Fall des Thurgauischen Str.G.B. a. 265, wonach erhöhte Strafe den trifft, welcher annehmbare Versöhnungsanträge zurückgewiesen hat.

mittelbaren Mitverursachung des Schadens durch den letztern, in voller Höhe aufrecht zu erhalten.[1]

Man vergesse dabei nicht, daß ja für Angehörige gewisser Stände, vor allen des Offiziersstandes, das Duell im Interesse der Behauptung der Lebensstellung unbedingt geboten sein kann. In solchen Fällen gegenüber „sonst unbescholtenen Personen, welche die Gewalt der Umstände zum Zweikampf getrieben hat“ (Begründung z. Vorentwurf S. 650), unter Berufung auf das antike: quamvis coactus tamen voluit, im bloßen Sichduellieren eine zu kompensierende *culpa* zu erblicken, involvierte eine Pflicht zu einer an Heroismus grenzenden Selbstverleugnung.[2]

Diese Entscheidung steht mit dem Wortlaut des § 254 durchaus nicht in Widerspruch, denn nach demselben hängt nicht nur der Umfang des Ersatzes, sondern das Bestehen einer Ersatzpflicht überhaupt von den „Umständen“ ab.

Bedenklich könnte unsere Auffassung nur aus pädagogischen Gründen erscheinen, nämlich mit Rücksicht darauf, daß die gänzliche Befreiung von der Haftung resp. die volle Zuerkennung des Schadensersatzes die Bekämpfung der Duellsitte oder „Unsitte“, wie sie die „Motive“ zum (geltenden) Str.G.B. S. 70 nennen, nicht gerade fördern werden.

---

[1] In ähnlichem Sinn auch die französische Praxis. Dies geht deutlich hervor aus folgender Entscheidung des Kassationshofes vom 20. Februar 1863 (Dalloz, Jurisprudence générale 1864 p. 100), wo dem Beklagten zum überwiegenden Verschulden angerechnet wird *„d'avoir placer D . . . ., qui n'avait jamais manié une épée et en lui refusant toute autre satisfaction que celle des armes, dans la triste nécessité d'accepter les chances d'un combat inégal“*. Auf die Klage der Witwe des — übrigens gleich beim ersten Gang durchbohrten — Gegners erkannte denn auch das Gericht auf die sehr beträchtliche Verurteilung zu einer lebenslänglichen Rente von 3600 Franken resp. auf Verlangen der Klägerin zu einer entsprechenden Kapitalabfindung (120 000 Franken).

[2] Nicht ganz mit Unrecht spricht Binding in seiner neuesten Polemik gegen die Duellregelung des Str.G.B. (Frankf. Ztg. Nr. 147; 29. Mai 1912 I. Morgenbl.) in dieser Beziehung von einem „Notstand“ (Vgl. die o. Anm. 1 zit. französ. Entsch., wo von *„nécessité“* gesprochen ist.)

Daß die gegebene Entscheidung dennoch „richtig" ist, dafür bürgt übrigens auch, daß die allerneueste Obligationenrechtskodifikation, das Schweizerische Obligationenrecht v. 30. März 1911, die Frage ausdrücklich im obigen Sinn entschieden hat. Artikel 44 bestimmt nämlich: „Hat der Geschädigte in die schädigende Handlung eingewilligt ...., so kann der Richter die Ersatzpflicht ermäßigen oder gänzlich von ihr befreien" (also offenbar ebenfalls nach den „Umständen" des Falls). Dazu bemerkt der Kommentar von Oser (Zürich 1912) z. Art. 44, II. 1, es könne darunter nur gemeint sein die Einwilligung in Handlungen, „die von der Rechtsordnung unabhängig von Stellung des Verletzten dazu verboten sind, wie z. B. das Duell", „da ja bei der Verletzung frei veräußerlicher Rechte die Einwilligung dem Akt die Widerrechtlichkeit nimmt und ein Schadensersatzanspruch überhaupt nicht zur Entstehung gelangt".

Es mag übrigens in gänzlicher Ermanglung deutscher Präjudizien hier nochmals erlaubt sein, auf eine ausländische Entscheidung zu verweisen, um so mehr als dieselbe in der deutschen Literatur wohl kaum schon verwertet worden ist und überdies durchaus dem Standpunkt entspricht, der nach dem oben Gesagten auch für die Kulpakompensation nach B.G.B. maßgebend ist.

Diese Entscheidung des Appellhofs Lüttich v. 5. Mai 1838 geht nach der abgekürzten Inhaltsangabe[1] in den Pandectes françaises Bd. 28 Vo. Duel No. 176 dahin:

„*La cour apprécie les faits et circonstances qui ont précédé et amené le duel, et examine, s'ils ne constituent pas une faute, qui donne ouverture à une demande en dommages-intérêts...; les torts de la partie lésée doivent être pris en considération dans l'appréciation des dommages-intérêts et peuvent par leur gravité donner même lieu à écarter entièrement la demande*".

Schließlich sei noch bemerkt, daß der 2. Absatz des § 254 ebenfalls unter Umständen auf die Berechnung des Schadens-

[1] Vollständiger Abdruck in Pasicrisie belge 1838, p. 115.

ersatzes von praktischem Einfluß sein kann; im Fall nämlich die Gesundheitsbeschädigung nur infolge eigentümlicher Körperbeschaffenheit des Verletzten überhaupt oder in so starkem Maße eingetreten ist und der Verletzte, trotz Kenntnis seiner Konstitution, eine Mitteilung an den andern unterließ, die diesen eventuell vom Zweikampf abgehalten haben würde.

§ 12. III. Schadensersatz bei wechselseitigen Verletzungen.

Haben beide Teile Verletzungen davongetragen, so ist der Umfang der Ersatzpflicht für jeden Teil gesondert festzustellen. Dies ist schon deshalb geboten, weil derjenige, der wegen der Verletzung schadensersatzberechtigt ist, nicht immer identisch ist mit dem wegen der Verletzung des andern Schadensersatzpflichtigen. Ist z. B. der eine Duellant getötet, der andere verwundet, so richtet sich der Ersatzanspruch des Verwundeten naturgemäß gegen die Rechtsnachfolger des Getöteten, während Ersatzansprüche wegen der Tötung (wie wir u. S. 57 ff. sehen werden) nicht den Rechtsnachfolgern als solchen zustehen, sondern gewissen Alimentationsberechtigten, Dienstberechtigten etc.

Anderer Ansicht ist Gröber (S. 92 ff.), nach welchem die gesonderte Feststellung dem Prinzip des § 254 widerspricht; aber zu dieser Ansicht konnte er wohl nur gelangen, weil er die Möglichkeit einer Konstellation, wie die oben erwähnte, außer Acht ließ.

Außer Gröber beschäftigt sich mit der Frage noch Höniger (in seinem Artikel „Die Rechtsfolgen des Zweikampfs nach B.G.B.“ in „Das Recht“ Jahrgg. 1901 S. 224); auch er befürwortet, freilich ohne Begründung, die gesonderte Feststellung, läßt aber Aufrechnung zu, was wegen § 393 B.G.B. (Verbot der Aufrechnung gegen Deliktsforderungen) ausgeschlossen ist.

§ 13. IV. Schadensersatz bei vorsätzlicher Übertretung der Kampfesregeln.

Bei Verletzung mittels vorsätzlicher Übertretung der vereinbarten oder hergebrachten Zweikampfregeln ist von Verletzung „im Zweikampf“ überhaupt nicht mehr die Rede.[1] Es liegt insofern weder Einwilligung noch sonstiges mitwirkendes Verschulden des andern vor, oder jedenfalls ein so geringes, daß es gegenüber der Arglist des Gegners völlig in den Hintergrund tritt. Daher volle Haftung nach Deliktsrecht!

§ 14. V. Schadensersatz aus Schlägerduellen, insbesondere sog. Bestimmungsmensuren.

Auf studentische Schlägermensuren und ähnl. finden gemäß der neueren Praxis des Reichsgerichts (R.G. Bd. 8,87) die Vorschriften über „Zweikampf mit tödlichen Waffen“ Anwendung. Auch der Vorentwurf § 224 hält noch daran fest, wenngleich nach ihm der Zweikampf „mit tödlichen Waffen, unter Vorkehrungen gegen Lebensgefahr“ mit milderer Strafe belegt ist. Nunmehr aber scheinen die wiederholten Proteste[2] beim Gesetzgeber Gehör gefunden zu haben, indem die Strafrechtskommission[3] nach dem Beispiel des Gegenentwurfs § 262 den Zweikampf „mit Schlägern unter Vorkehrungen, die bestimmt und geeignet sind, gegen Lebensgefahr zu schützen“ ausdrücklich für straflos erklärt.

---

[1] Die in diesem Fall die Anwendung der schärferen Normen über Körperverletzung resp. Tötung vorschreibenden §§ 207 Str.G.B und 222 Vorentw. sind für unsere Frage insofern wichtig, als sie zum Ausdruck bringen, daß Kommentwidrigkeiten auch nicht etwa mittelst Berufung auf Notwehr sich ihrer Rechtswidrigkeit entkleiden lassen. Im übrigen haben diese Bestimmungen schwerlich Existenzberechtigung; sie sind daher vom Gegenentw. mit Recht gestrichen worden (vgl. Begründung z. Gegenentw. S. 283), wurden aber gleichwohl von der Strafrechtskommission (lt. Reichsanzeiger vom 14. September 1912) wieder hergestellt.

[2] Noch am 15. Mai 1912 behandelte das Preussische Herrenhaus eine Petition der Aachener Korporationsstudenten, die eine Änderung der Gesetzesbestimmungen verlangt, nach denen studentische Schlägermensuren als Zweikämpfe mit tödlichen Waffen angesehen werden.

[3] Vgl. Bericht von Lucas in Dtsch. Jur. Ztg. v. 15. Sept. 1912 (Nr. 18) S. 1152 ff.

Auch auf die zivile Schadensersatzfrage wird dieser grundsätzliche Umschwung der Auffassung natürlich einwirken, freilich bei weitem nicht so einschneidend, wie es auf den ersten Blick scheinen könnte.[1] Da nach Str.G.B. und Vorentw. die Vereinbarung eines Schlägerduells als solche, wenngleich nach letzterem milder, strafbar ist, ist sie auch zivilrechtlich nichtig, woraus dann wiederum die Unwirksamkeit der Einwilligung folgt. Dagegen läßt sich nicht auch umgekehrt aus der Straflosigkeit des Schlägerduells und mithin der Schlägerduellvereinbarung, wie sie i. Gegenentw. und i. d. Beschl. d. Strafrechtskom. statuiert ist, folgern, daß die Einwilligung schlechthin wirksam sei.

Vielmehr darf man auch danach u. E. eine Wirksamkeit derselben nur anerkennen bei der sog. Bestimmungsmensur.

Hier in der Tat fehlt alles, was dem eigentlichen Zweikampf wesentlich ist. Es fehlt insbesondere die Ernstlichkeit, ebenso wie die „Herausforderung“ und deren „Annahme“, d. h. die ganze als solche strafbare Duellvereinbarung, die nach dem o. S. 22 ff. Gesagten für die Rechtswidrigkeit der Einwilligung und damit für die zivile Ersatzpflicht wesentliche Voraussetzung ist. Und begreiflicherweise fehlt dies alles, denn es handelt sich nicht um einen Kampf, sondern um eine sportliche Übung wie jede andere,[2] bei der die Einwilligung der Teilnehmer in die etwaigen

[1] Die Frage hat übrigens schon praktisch im Zivilrecht weit geringere Bedeutung als im Strafrecht. Während die kriminelle Ahndung in allen Fällen eintritt, also unabhängig vom Willen des Zweikampfgegners (Offizialdelikt!) und unabhängig sogar von einem Verletzungserfolg, wird im zivilen Deliktsrecht der Gegner nur selten eine Reparation verlangen und ebenso selten eine solche verlangen können, da schwere Verwundungen unmittelbar durch den Hieb Seltenheiten sind, die andern aber regelmäßig Folgen mangelnder Asepsis bilden, bei denen also von adäquater Verursachung durch den Hieb nicht mehr die Rede sein kann.

[2] Den Gesichtspunkt des Sports betonen ebenfalls Gröber, S. 72; Zitelmann, S. 80; auch Hamm in der o. S. 45 Anm. 2 erwähnten Herrenhausdebatte, insbesondere aber jetzt Begründung z. Gegenentw. § 262, S. 283, welcher angesichts der Reichsgerichtspraxis die Straflosigkeit ausdrücklich statuieren zu müssen glaubt.

Verletzungen wie bei andern Spielen[1] straf- und zivilrechtlich gültig ist.

Auch wird man bei dieser Institution mit Fug, um mit Graf zu Dohna (a. a. O. S. 152) zu reden, „an die idealen Ziele erinnern müssen, welche derselben vorgeschwebt haben und in ihr zum Ausbau gelangt sind", um daraus die ethische Rechtfertigung und damit weiterhin die Wirksamkeit der Einwilligung herzuleiten.[2]

Dieser letztere Gesichtspunkt wie auch der des Sports und damit zugleich die Wirksamkeit der Einwilligung entfallen dagegen m. E. schon bei denjenigen (vornehmlich studentischen) Schlägerduellen, die nicht den Titel einer Sühnung der beleidigten Ehre beanspruchen, sondern bloß „Satisfaktion" für sog. „Anrempeleien" bezwecken. Hier liegt weder ritterliches Turnier noch (zweckmäßige) sportliche Übung vor, sondern eigentlicher Zweikampf (aus nichtigen Motiven!)[3]. Sollte sich das Strafrecht hier wirklich einmal, von seinen Zwecken aus, zu einem Verzicht auf Eingreifen veranlaßt sehen, so würde dies die zivilrechtliche Unwirksamkeit der Einwilligung nicht hindern. Dieselbe würde sich gemäß den obigen Erwägungen aus § 138 B.G.B. zwanglos ergeben.

---

[1] Über Gültigkeit der Einwilligung in die Verletzung bei Spielen vgl. Zitelmann S. 79.

[2] Man beherzige allerdings die Bemerkungen von Graf zu Dohna (l. c.) über die Vergänglichkeit der Anschauungen über Ideale und die angemessenen Mittel zu ihrer Betätigung. Sollte wirklich einmal, wie dieser Autor es voraussieht, der Zeitpunkt kommen, wo jene „Waffenkämpfe innerhalb der studierenden Jugend gleich den Turnieren des Mittelalters uns als überwundene Institutionen einer versunkenen Epoche erscheinen werden", alsdann freilich wird man die Frage, ob die dazu erteilte Einwilligung nach unsern ethischen Anschauungen noch als durch ihren Zweck gerechtfertigt und somit als wirksam angesehen werden darf, verneinen und eine prinzipielle Haftung aus § 823 bejahen müssen.

[3] A. A. Gröber, S. 72, der hier von Fällen redet, „bei denen die Beleidigung nicht der Grund des Zweikampfs, sondern Mittel zum Zweck ist."

D. Zivilrechtliche Haftung Drittbeteiligter.

§ 15. I. Allgemeines hierüber.

Nach ausdrücklichen Vorschriften des Str.G.B. müssen wir bekanntlich eine bestimmte Gruppe kausaler Handlungen nach besonderen Grundsätzen behandeln: die kausalen Handlungen der Anstifter und Gehülfen. Diese Sonderbehandlung entfällt für das Zivilrecht;[1] B.G.B. § 830 Abs. 3 bestimmt: „Anstifter und Gehülfen stehen Mittätern gleich". Auch von ihnen ist also gleich dem Täter jeder solidarisch mit dem andern nach § 830 Abs. 1 verantwortlich für den ganzen Schaden ohne Rücksicht auf das größere oder geringere Maß seiner Beteiligung. (Beim internen Ausgleich findet allerdings eine Berücksichtigung desselben statt.[2] Näheres u. S. 60 Anm. 1.)

Diese Bestimmung läßt keine Zweifel übrig für die Anstiftungs- und Beihülfehandlungen zum Zweikampf, die unmittelbar dem allgemeinen Teil des Str.G.B. §§ 48 und 49 unterfallen. Dagegen macht die zivilrechtliche Behandlung der im Abschnitt über den Zweikampf geregelten Beteiligungsformen zunächst Schwierigkeiten. Die strafrechtliche Frage, ob sie Beihülfe im technischen Sinne sind, oder ob sie Delicta sui generis bilden[3], spielt bedeutsam hinein in die andere zivilrechtliche Frage, ob nämlich in § 830 Abs. 3 der Ausdruck „Gehülfe"[4] streng im Sinn des allgemeinen Teils des Str.G.B. § 49 zu verstehen ist.[5]

[1] Dies begrüßt insbesondere: v. Liszt, Deliktsobligationen, S. 75 ff.

[2] Vgl. Enneccerus, Lehrb. II § 318 II 3.

[3] Bei der Statuierung der Straflosigkeit in § 209 Str.G.B. wäre dementsprechend die Frage die, ob sie als Befreiung von der auf die „Beihülfe" gesetzten allgemeinen Strafdrohung aufzufassen ist, oder ob Str.G.B. hierdurch authentisch erklären wollte, daß es in diesen Handlungen keine „Beihülfe" sehe. Darüber Frank Kom. zu § 203.

[4] Wie übrigens der hier weniger in Betracht kommende Ausdruck „Anstifter".

[5] Alsdann würde nämlich nach v. Liszt a. a. O. S. 77 „die Solidarhaftung entfallen, soweit die Beteiligung mehrerer Personen an der Herbeiführung desselben Erfolges unter keinen dieser 3 Begriffe (Mittäterschaft, Anstiftung, Beihülfe) fällt."

Indes diese Kontroversen sind auf die Entscheidung unserer Frage ohne Einfluß. Denn „Beihülfe" (wie „Anstiftung") sind in § 830_2 nur als Beispiele kausaler Handlungen gedacht und hervorgehoben. Dies zeigt sich deutlich, wenn man die Ausdrücke „Gehülfen" (und „Anstifter") gemäß Abs. 2 in den 1. Absatz wirklich einsetzt; alsdann ergibt sich, daß die Handlung nur dann und jedenfalls dann eine Solidarhaftung erzeugt, wenn sie den „Schaden" (adäquat) „verursacht" hat, d. h. aber nach der Auffassung von Träger,[1] „wenn sie eine entscheidende *conditio sine qua non* darstellt, d. h. eine solche Bedingung, die nicht wegzudenken ist, ohne daß der juristisch erhebliche Erfolg überhaupt wegfällt."

Die Frage, ob Beihülfe im technischen Sinn vorliegt, ist mithin, wie gesagt, unbedeutsam, da man ja doch stets auf den allgemeinen Ursachenbegriff zurückgehen muß.

Da es dabei, d. h. bei der „Feststellung des Wirkungsverhältnisses",[2] auf den „juristisch erheblichen Erfolg" ankommt, spielen naturgemäß auch rein juristische Werturteile entscheidend mit. Das wird bei unserer Frage besonders bedeutsam.

Ein gerade in unser Gebiet einschlagendes Beispiel von Träger selbst[3] wird dies am besten beleuchten:

„A sieht, daß sein Bruder B fest entschlossen ist, sich mit C zu duellieren. Damit die kostbaren Pistolen des B nicht der Einziehung verfallen sollen, leiht er seine eigenen Pistolen dem B, mit denen der Zweikampf auch ausgeführt wird. A ist der Beihülfe zum Zweikampf nicht schuldig." Dies ist meines Erachtens nur strafrechtlich ohne weiteres richtig; denn für das Strafrecht ist nach dem zu Beginn dieser Arbeit Gesagten der „juristisch erhebliche Erfolg" die bloße Tatsache, daß ein Zweikampf stattgefunden hat. Auf das Stattfinden des Zweikampfes hat nun das Leihen der Pistolen allerdings nicht kausal gewirkt, dieser hätte auch stattgefunden, wenn A seine Pistolen

[1] Der Kausalbegriff im Straf- und Zivilrecht 1904, S. 277.
[2] A. a. O. S. 45.
[3] A. s. O. S. 45, Anmerkung.

nicht geliehen hätte, freilich mit andern Pistolen, aber darauf kommt es strafrechtlich nicht an.

Zivilrechtlich kommt es indes darauf sehr wohl an, denn zivilrechtlich interessiert uns allein die Verletzung, und darum der konkrete Verlauf des Zweikampfs in seinen einzelnen Details.

Diese Details wären jedenfalls andere gewesen, wenn B mit andern Pistolen geschossen hätte; vielleicht hätte er mit andern Pistolen gar nicht oder leichter oder schwerer, jedenfalls anders getroffen. Insofern sind die Pistolen zweifellos conditio s. q. n. oder Ursache für den konkreten Verlauf des Duells im einzelnen, insbesondere für den (Verletzungs-)Erfolg in seiner speziellen Eigenart.

Aber diese Verursachung ist eine nicht-adäquate und darum unerhebliche, denn sie hat, um die Träger'sche Formulierung[1] zu wählen, nicht „die Möglichkeit eines Erfolges von der Art des eingetretenen generell in erheblicher Weise erhöht."

Zur Entscheidung der Frage der Haftung der einzelnen am Duell beteiligten Dritten, haben wir lediglich diese allgemeinen Prinzipien auf das konkrete Verhalten derselben anzuwenden. Das soll im Folgenden geschehen.

II. Die Haftung im einzelnen.

§ 16. 1. Anstiftung und Aufreizung.

Die Anstiftung ist nach § 48 Str.G.B. begriffsnotwendig kausal, der Anstifter also unter allen Umständen nach § 830 B.G.B. haftbar.

„Wo keine Kausalität, da keine Anstiftung" und selbstverständlich auch keine Haftung! So bei der beim Duell besonders praktischen sog. Anstiftung des *omnimodo facturus*.

[1] A. a. O. S. 159 ff.

Auch die sog. Aufreizung im Sinn des § 210 Str.G.B. kann kausal sein, ohne daß sie zugleich Anstiftung (im Sinn des § 48) zu sein braucht. So in einem von R.G. 18, 239 entschiedenen Fall: Mitteilung einer beleidigenden Äußerung mit dem Bewußtsein, daß sie zum Zweikampf führen muß.

Ist die Aufreizung nicht kausal geworden, so begründet sie, obwohl sie nach § 210 strafbar ist, doch keine Haftung.

§ 17. 2. Beihülfe, insbesondere Ehrenrichteramt.

Auch die Beihülfe des § 49 Str.G.B. ist als „vorsätzliche Unterstützung der Tat“ begriffsnotwendig kausal[1] und begründet daher regelmäßig Zivilhaftung.

Von den im Abschnitt über den Zweikampf nicht ausdrücklich genannten Gehülfen sind besonders erwähnenswert die Ehrenrichter. Die „Begründung“ z. Vorentwurf (S. 657) motiviert die Ablehnung ihrer Privilegierung und ihre Unterstellung eben unter die Gehülfen im Sinn des Strafgesetzes damit, daß sie ja „z. B. durch die Erklärung der Notwendigkeit des Zweikampfes zu dessen Zustandekommen beitragen“. Soweit sie solches tun, werden sie in der Tat kausal für den Erfolg. Ihre Betätigung unterfiele mithin an sich dem § 823_1.[2]

Höniger (in seinem o. zit. Artikel) und mit ihm Gröber (S. 99) treten dagegen für allgemeine Haftungsfreiheit der Ehrenrichter ein, „da es sich bei ihnen um eine im wesentlichen unparteiische, quasi-richterliche Tätigkeit handelt.“

Indes diese Neutralität ihrer Funktionen berechtigte sie bestenfalls zum Regress gegen den mit ihnen haftenden Duellanten,[3] entzöge sie aber nicht gegenüber dem Verletzten der

[1] Man denke an das o. S. 49 erwähnte Beispiel mit den Pistolen!

[2] Sollte freilich der neuerliche Beschluß der Strafrechtskommission, der den Ehrenrichtern Straffreiheit zusichert (darüber Lucas a. a. O.), Gesetz werden, so wäre, wie wir meinen, darin eine rechtliche Anerkennung des Instituts des Ehrengerichts zu erblicken, die es von vorneherein verböte, die Tätigkeit der dabei mitwirkenden Personen dem § 823 zu unterstellen.

[3] Vgl. Enneccerus II § 318 II 3.

Haftung für das Ganze. Diese letztere rechtfertigte sich vielmehr, da es sich um eine für den Erfolg psychisch kausale, (rechtswidrige) Tätigkeit handelt, mit der Erwägung Trägers (S. 280): „daß die psychische Einwirkung ... sich auf den Erfolg als Ganzes erstreckt und sich jeder näheren Feststellung entzieht."

Jedoch auch wir verneinen eine Haftung der Ehrenrichter, aber aus einer andern Erwägung heraus, nämlich aus der Erwägung, daß zwischen dem Spruch des Ehrengerichts und dem eigentlichen Duell sich die Duellvereinbarung als ein freier Willensentschluß der Kontrahenten einschiebt, der als so überwiegend kausal zu bewerten ist, daß daneben die kausale Betätigung des Ehrenrichters gänzlich in den Hintergrund treten muß. Wir versagen mithin dem verletzten Duellanten gegen den Ehrenrichter jeden Ersatzanspruch gemäß § 254, wegen weitaus überwiegenden Selbstverschuldens.

§ 18. 3. Sekundanten, Zeugen, Ärzte und Kartellträger.

Anders liegt es bei der Tätigkeit der Sekundanten, Zeugen und Ärzte (Str.G.B. § 209). Auch diese werden für den Erfolg kausal (und zwar physisch); indirekt schon durch ihr bloßes Dabeisein, ohne welches regelmäßig kein Duell, also auch keine Verletzung erfolgt wäre. Unter Umständen greifen sie sogar unmittelbar und sehr kräftig in die Entwicklung der Kausalität ein. Man denke an die für den ganzen Verlauf des Duells entscheidenden Verabredungen der Sekundanten über Art und Gleichheit der Waffen, über Zeit und Ort des Duells etc., an die Folgen des Kommandos zum Abfeuern auf die Gestaltung der Kausalitätskette, an die Bedeutung der Entscheidungen des „Unparteiischen" etc.!

Aber diese Tätigkeit ist gemäß Str.G.B. § 209 eine rechtlich erlaubte, sodaß eine Anwendung des § 823 B.G.B. mangels Rechtswidrigkeit des Tuns sich von vornherein verbietet.

In gleicher Weise ist auch die Tätigkeit der Kartellträger eine rechtlich anerkannte, freilich nur sofern sie „ernstlich bemüht gewesen sind, den Zweikampf zu verhindern." Aber auch sofern er das nicht tut und mithin in strafbarer Weise tätig wird, ist der Kartellträger im Grunde nicht mehr, als das bloße Sprachrohr des Provokanten. Seine Tätigkeit bedeutet auch jetzt nur schwerlich eine adäquate und darum zivilrechtlich erhebliche Verursachung des gerade eingetretenen Erfolgs. Also prinzipiell keine Haftung des Kartellträgers!

Freilich all diese Duellbeteiligten werden mitunter arglistigerweise über den Rahmen der ihnen durch den Duellkodex zugewiesenen, grundsätzlich neutralen Funktionen hinaus tätig, indem sie insbesondere auf die Entschließung des einen oder andern Duellanten einwirken. Es liegt alsdann (psychische) Beihülfe im eigentl. Sinne vor, und ihre Tätigkeit wird insofern juristisch erhebliches Antezedens des Erfolges mit Haftungsfolge gemäß § 830.

So statuierte auch das o. S. 43 zitierte Urteil des Appellhofs Lüttich eine Haftung der *témoins*, „*en ce qu'ils auraient concouru à amener le combat.*" Und das gleiche Gericht bejaht unter dem 24. Oktober 1888[1] einen Schadensersatzanspruch „*contre celui des témoins du duel, qui par son attitude pendant les pourparlers, qui ont précédé le combat, a rendu toute tentative de réconciliation impossible.*"

E. Träger und Umfang der Schadensersatzansprüche.

§ 19. I. Ersatzansprüche aus Körperverletzung.

Die Feststellung des Kreises der ersatzberechtigten Personen und des Umfanges ihrer Ersatzansprüche beruht im wesentlichen auf einer Anwendung positivrechtlich fixierter Grundsätze; wir können uns daher hier ziemlich kurz fassen.

Dabei darf die Untersuchung des Anspruchs des Verletzten selbst kaum mehr als akademisches

---

[1] Nach der abgekürzten Inhaltsangabe in Pandectes françaises, Vo. Duel N. 105. (Vollständiger Abdruck in: Pasicrisie belge 1889, 2 p. 51.)

Interesse beanspruchen. Sagen doch schon die Protokolle[1] zur Abschwächung von Bedenken gegen eine prinzipielle Schadensersatzpflicht bei Einwilligung, daß „Ansprüche der in Rede stehenden Art nur selten gerichtlich verfolgt und meist von den Beteiligten nach den Grundsätzen der Sitte und des Anstandes, ohne Anrufen des Gerichts, geregelt werden". Dies gilt natürlich beim Duell angesichts des schon an sich hoch gespannten Ehrgefühls der in Betracht kommenden Kreise nur noch mehr.

Vielfach, insbesondere wenn das beiderseitige Verschulden sich die Wage hält, wird die Geltendmachung eines Schadensersatzanspruchs seitens des Verletzten zudem, mit Rücksicht auf sein Einverständnis, gegen Treu und Glauben verstoßen und der Anspruch darum gemäß § 242 B.G.B. zu versagen sein.

Im einzelnen gilt folgendes:

I. Bei bloßer Körperverletzung ist ersatzberechtigt regelmäßig nur der Verletzte selbst.

a) Die Ersatzpflicht umfaßt zunächst nach allgemeinen Grundsätzen (§§ 249 ff.) den entstandenen Vermögensschaden, insbesondere Kur- und Pflegekosten sowie den durch die Krankheit entgangenen Verdienst.

b) Gemäß § 842 erstreckt sie sich aber auch „auf die Nachteile, welche die Handlung für den Erwerb oder das Fortkommen des Verletzten herbeiführt" (sowohl gänzliche Aufhebung wie bloße Beeinträchtigung der betr. Fähigkeiten resp. Eigenschaften!)

Zu *a* u. *b*) Von der Regel der Naturalrestitution gilt hier insofern eine Abweichung, als der Kläger gemäß § 249_2 direkt auf Geldersatz klagen kann. Der Schadensersatz für aufgehobene oder geminderte Erwerbsfähigkeit kann freilich nur in Gestalt einer vierteljährlich im Voraus zahlbaren Geldrente verlangt werden, §§ 843, 760 B.G.B., als Kapitalabfindung nur aus „wichtigem Grund"

[1] Protokolle der Kommission für die 2. Lesung etc. Bd. II, S. 935.

§ 843_3. Bei „wesentlicher Änderung“ der „Verhältnisse“ sind beide Teile berechtigt, „eine entsprechende Abänderung des Urteils zu verlangen“. Z.P.O. § 323[1]. Bei jugendlichen Duellanten ist hier wenigstens Feststellungsklage möglich[2].

c) Abgesehen vom Ersatz des materiellen Schadens ist bei Körperverletzung ausnahmsweise Genugtuung für den immateriellen Schaden zu leisten § 847_2; doch wird der Richter gerade hier wegen § 254 in der Zumessung besonders zurückhaltend sein[3].

II. Selbständige Ersatzansprüche mittelbar Geschädigter entstehen bei Körper- und Gesundheitsbeschädigung in der Regel nicht, z. B. kein direkter Anspruch der Versicherungsanstalt wegen Verletzung des Versicherten. Insbesondere bestehen keine Ersatzansprüche derjenigen, denen gegenüber der Verletzte zu persönlichen Leistungen (z. B. auf Grund Dienstvertrags, Gesellschaftsverhältnisses etc.) obligiert war, wegen Vereitelung resp. Beeinträchtigung ihrer Rechte; denn ihre Rechte konnte, da aus obligatorischen Verhältnissen sich nur eine Verpflichtung für den Schuldner ergibt, ein Dritter wie der Duellant überhaupt nicht verletzen.[4] Für die hierbei bisweilen aushelfende Klage aus § 826[5] dürften in concreto nur selten die Voraussetzungen zutreffen.[6] Dagegen wird eine Dritten

---

[1] Es handelt sich um ein sog. konstitutives Urteil.

[2] Vgl. darüber Enneccerus § 461 Anm. 4.

[3] Mit Recht machen übrigens Höniger a. a. O. und Gröber S. 78 darauf aufmerksam, daß den Duellanten, sofern sie in einem Dienstvertragsverhältnis stehen, die Vergünstigungen der §§ 616 (Anspruch auf Lohn während der Behinderung) und 617 (Verpflegung während der ersten 6 Wochen der Krankheit) verloren gehen.

[4] Vgl. v. Tuhr a. a. O. S. 209.

[5] Ibid.

[6] Immerhin sind solche Fälle nicht undenkbar, z. B. jemand beleidigt die Geschäftsehre einer Firma; ein Mitinhaber derselben übernimmt das Amt des Rächers. Sollten hier, wenn er verletzt wird, die andern Sozii wegen des dadurch der Firma entstandenen Schadens (aus entgehenden Diensten etc.) nicht auch einen direkten Anspruch

gegenüber etwa bestehende Ersatzpflicht des unmittelbar Beschädigten regelmäßig bei der Berechnung des diesem vom Schädiger zu leistenden Schadensersatzes in Betracht gezogen werden.

Ganz ausnahmsweise kann aber auch ein Dritter wegen bloßer Verletzung Schadensersatz verlangen, nämlich „wenn der Verletzte kraft Gesetzes“ ihm „zur Leistung von Diensten in dessen Hauswesen oder Gewerbe verpflichtet war“ § 845. In Betracht kommen für unsern Fall nur die Eltern des Verletzten gemäß § 617. Dies bedeutet keine eigentliche Ausnahme, weil die Ansprüche des Inhabers der elterlichen Gewalt doch in gewissem Sinn zu den absoluten Rechten zählen, also zu den Rechten, die schon durch § 823_1 geschützt sind.

In welchem Umfang freilich dieser Ersatzanspruch, der nach § 845 „durch Entrichtung einer Geldrente“ zu leisten ist, gewährt werden soll, kann fraglich sein: der Duellant ist nämlich wegen der Verletzung gemäß dem o. sub. I. Gesagten bereits dem Verletzten selbst zu Schadensersatz, ebenfalls mittelst Geldrente, verpflichtet; da nun auch diese letztere Geldrente dem Inhaber der elterlichen Gewalt gemäß § 1073 zufällt, der Schuldige aber nicht doppelt haften soll, meinen wir mit v. Tuhr (a. a. O. S. 219 Note 20), es müsse „der Anspruch des Verletzten so weit zurückstehen, als der Anspruch des Dienstberechtigten reicht; d. h. dem Verletzten wird der Verlust oder die Verminderung seiner Erwerbsfähigkeit nur soweit vergütet, als sein Erwerb nicht dem Vater .... zugute kommt“. Diese Regelung hat die Besonderheit, daß die gerichtliche Festsetzung der Schadensersatzrente auch über die Beendigung der elterlichen Gewalt hinaus maßgebend bleibt, solange nur die gesetzliche Dienstpflicht des Kindes besteht, d. h. nach § 1617 „solange es dem elterlichen Hausstand angehört und von den Eltern erzogen oder unterhalten wird“. Allerdings die Vollziehung der separata oeconomia bewirkt eine völlige Wandlung der Lage, nämlich einerseits den Wegfall der Ansprüche der dienstberechtigten

---

aus § 826 haben? Kann man sich entschliessen, den Kausalzusammenhang hier zu bejahen, so ist diese Möglichkeit nicht von der Hand zu weisen.

Eltern gegen den Verletzer, andrerseits eine gleichsam automatische Erweiterung der Ansprüche des Kindes in dem Umfang, in welchem ihm nunmehr sein Erwerb selber zustatten gekommen sein würde. Diese Erhöhung ist im Wege der obengenannten Umwandlungsklage nach Z.P.O. § 323 geltend zu machen.

II. Ersatzansprüche aus Tötung.

§ 20. 1. Die Träger der Ersatzansprüche.

Weitergehend und praktisch unvergleichlich wichtiger sind die Ersatzansprüche Dritter bei Tötung im Duell. Sie sind, wie wir sahen, fast überall anerkannt, auch in den Rechten, die dem Verletzten selbst keinerlei Ersatzanspruch zugestehen.

Unter Tötung ist dabei im Anschluß an die herrschende Lehre,[1] wonach lediglich „Verursachung" des Todes zu fordern ist, auch die Körperverletzung mit Todesfolge zu verstehen.

Die Ersatzansprüche selbst sind teils derivative, teils originäre:

I. Zunächst haben die Rechtsnachfolger als solche natürlich die Ansprüche, die bereits in der Person des Getöteten entstanden waren; also die Ansprüche aus der Verletzung, soweit sie vererblich sind; darum nicht den beim Duell übrigens, wie gesagt, kaum entstehenden Anspruch wegen immateriellen Schadens, es sei denn, daß er vor dem Tod rechtshängig oder vertraglich anerkannt wurde, gemäß B.G.B. § 847 Abs. 1. S. 2.

II. Aber auch gewisse Dritte als solche haben bei Tötung, wie bei Verletzung (o. S. 56), nur in noch viel weiterem Maße, selbständige (originäre) Ersatzansprüche:

1. Die zur Tragung der Beerdigungskosten Verpflichteten haben Anspruch auf Ersatz derselben § 844 Abs. 1.

---

[1] Z. B. Oertmann zu § 844 3, Enneccerus II § 462 Anm. 1 gegen v. Liszt S. 29; aber selbst nach dessen Auffassung wird bei Zweikampf „mit nachgefolgtem Tod" regelmäßig „Tötung" im Sinn des B.G.B. angenommen werden können, da hier regelmäßig auch die Voraussetzung v. Liszt's vorliegen wird, daß nämlich „im einzelnen Fall der Tod vorausgesehen oder voraussehbar gewesen ist".

Die Pflicht, die Beerdigungskosten zu tragen, obliegt primär nach § 1968 dem Erben, subsidiär nach § 1615_2 dem Unterhaltspflichtigen. Der Anspruch auf Ersatz der Beerdigungskosten steht aber auch demjenigen zu, dem auf Grund Vertrags die Verpflichtung zur Tragung dieser Kosten obliegt, z. B. gewissen Vereinen und Kassen.[1]

Die Ersatzpflicht beschränkt sich auf die notwendigen Kosten; das sind die Kosten einer standesgemäßen Beerdigung, nicht aber regelmäßig die Kosten des Transports der Leiche (so R.G. 66, 308 f.).

2. Diejenigen, welche gegenüber dem Getöteten zur Zeit der Verletzung (nicht des Todes) kraft Gesetzes unterhaltsberechtigt waren oder unterhaltsberechtigt werden konnten, soweit ihnen infolge der Tötung das Recht auf den Unterhalt entzogen worden ist, nach näherer Vorschrift des § 844_2. — In Betracht kommen: Ehegatten (§ 1360), Verwandte in gerader Linie (§§ 1601 ff.) und uneheliche Kinder (§§ 1708 ff.). Soweit ihnen infolge der Tötung der Unterhalt nicht entzogen wird, indem an Stelle des Getöteten seine Erben treten (§§ 1582, 1712), entsteht kein Ersatzanspruch.[2]

3. Die kraft Gesetzes auf Dienstleistungen in Hauswesen oder Gewerbe Berechtigten haben, wie bei Verletzung, auch bei Tötung selbständige Entschädigungsansprüche. Vgl. darüber o. S. 56.

§ 21. 2. Beeinträchtigung der Ansprüche der ersatzberechtigten Dritten durch eigenes Verschulden derselben.

Auf die Ersatzansprüche des mittelbar Geschädigten müssen, wie auf alle andern, die Vorschriften des § 254 Anwendung finden, wenn „bei der Entstehung des Schadens ein Verschulden des

---

[1] So Enneccerus II § 462 Anm. 2; Kuhlenbeck bei Staudinger zu § 844, III A, 1, b.

[2] R.G. i. Recht 08. II. S. 90.

(mittelbar) Beschädigten mitgewirkt" hat.[1] Auch hier ist der Ausdruck „Entstehung des Schadens" im weiten Sinn Oertmanns zu nehmen, wonach genügt Mitwirkung bei der Entstehung des „Gesamttatbestandes", anläßlich dessen die Verletzung erfolgte (vgl. o. S. 41). So würde sich z. B. der Duellgegner auf § 254 berufen können gegenüber der Klage der Witwe des im Duell Gefallenen, wenn diese ihn zu dem Ehebruch, der den Anlaß für das Duell gab, verleitet hatte, um etwa einen Scheidungsgrund zu bekommen, (nicht dagegen selbstverständlich gegenüber der Klage der Kinder oder sonstiger Alimentationsberechtigter).[2]

Noch zweifelloser greift § 254 Platz, wenn das Verhalten des Klagenden für den Erfolg direkt kausal geworden ist, insbesondere bei Anstiftung und Aufreizung.

Hierbei sind zwei Fälle zu unterscheiden:

a) der durch die Tötung Geschädigte hatte den Getöteten angestiftet.

So wenn die verführte und dann im Stich gelassene Tochter den Vater zum Duell anstiftet, oder wenn die ehebrecherische Frau, von Mann und „Freund" gepeinigt, den ersteren veranlaßt, ein Duell zu provozieren, um wenigstens einen von beiden aus dem Wege zu räumen.

---

[1] Dies ist bestritten worden in einer Entscheidung des O.L.G. Celle, die allerdings durch R.G. 55 S. 24 ff. aufgehoben wurde, mit der treffenden Begründung (S. 29), daß „einmal auch dieser Ersatzberechtigte als „Beschädigter" anzusehen ist, und weiter die Anwendung des § 254 nicht durch positive Vorschrift für diesen Fall ausgeschlossen ist". So auch die herrschende Ansicht.

[2] Dagegen ist in der Zustimmung des Vaters in das Contrahieren seines Sohnes zwar eine Culpa, schwerlich aber eine „bei der Entstehung des Schadens" mitwirkende Culpa zu erblicken; dies m. E. nicht einmal dann, wenn der Sohn minderjährig war, obgleich hier nach §§ 107, 108 erst durch die Zustimmung das Einwilligungsrechtsgeschäft wirksam geworden wäre, — falls es wirksam hätte werden können. Da es dies aber so wie so nicht konnte, die Zustimmung mithin an der rechtlichen Lage nichts zu ändern vermochte, dürfen wir ihr auch die kausale Wirkung i. S. des § 254 absprechen. Anders allerdings, wenn die Verweigerung der Zustimmung als Gegenmotiv hätte wirken können.

Gröber (S. 89) meint für diesen (von ihm allein besprochenen) Fall der Aufreizung und Anstiftung des Getöteten, es sei, da der Dritte sich dadurch nach § 830 für den Schaden haftbar mache, „selbstverständlich, daß er vom Täter einen Ersatz nicht verlangen kann". Danach würde also die schnöde verlassene Tochter, nur weil sie, vielleicht im Affekt, ihren Vater zum Duell aufreizte, jeglichen Ersatzanspruchs verlustig gehen.

Das kann nicht sein! Vielmehr kommen auch Anstiftung und Aufreizung nicht schwerer und anders in Betracht als sonstiges konkurrierendes Verschulden, denn das darin liegende Verschulden gegen den andern ist mit Bezug auf den Ersatzanspruch nichts anderes als sog. Verschulden gegen sich selbst.[1]

Der Maßstab für die Schadensverteilung liegt auch hier in den „Umständen", insbesondere in dem Grad des Verschuldens.

---

[1] Auch wenn bei entgegengesetztem Ausgang Anstifter und Angestifteter nach §§ 830, 840 mit einander gehaftet hätten und etwa nur der Anstifter in Anspruch genommen worden wäre, wäre ja nicht aller Schade an ihm haften geblieben, vielmehr hätte er Regreß gegen die übrigen Teilnehmer gehabt, und zwar nicht nach Verhältnis der Anzahl derselben, sondern nach Verhältnis der „Umstände" i. S. des § 254, insbesondere des Verschuldens; unter normalen Umständen würde danach sogar die weitaus größte Quote des Schadens vom Anstifter auf den Täter überbürdet werden. So auch Entscheidung des O.L.G. Dresden vom 24. Mai 1910 (Seufferts Archiv Bd. 65, S. 401): „Dem zufolge wird die anteilige Verpflichtung der Gesamtschuldner dann unanwendbar, wenn nach dem Grundsatz des § 254 der eine für sein Verhältnis zu den andern sich als der allein Schadensersatzpflichtige kennzeichnet. Es liegt dann ein Fall des 2. Halbsatzes des 1. Satzes im Abs. 1 des § 426 vor: „soweit nicht ein Anderes bestimmt ist"." So schon vor dieser Entscheidung: Enneccerus II § 318 II 3. Mit Unrecht wird daher neuerdings vom Oser'schen Komm. z. schweizer. Obligationenrecht (1912) z. Art. 50 II dem B.G.B. „wegen § 840" die Anordnung einer rein zahlenmäßigen Ausgleichung unterschoben. A. A. Schulz: Rückgriff und Weitergriff, S. 48: „die „Arbeitsverteilung" unter den mehreren vorsätzlichen Verursachern verdient keinen zivilrechtlichen Schutz". Diese Auffassung entstammt übrigens dem römischen Recht; den Grund dafür gibt Ulpian, L. 1, § 14 D. 27, 3: quia proprii delicti poenam subit: quae res indignum eum fecit, ut a ceteris quid consequatur doli participibus.

So wird z. B. in den obigen Beispielen das in der Anstiftung liegende Verschulden der Tochter ihren Anspruch gewiß nur unerheblich oder vielleicht überhaupt nicht mindern, während dasselbe Verschulden bei der ehebrecherischen Frau ihren Anspruch entweder ganz ausschließen oder doch auf ein Minimum herabdrücken wird. Auch hier spielt die vorwiegende Verursachung im Sinn des § 254 eine nur untergeordnete Rolle; natürlich kann aber auch die Anstiftung mehr oder weniger intensiv kausal gewirkt haben: der kausale Anteil war ein geringer, wenn z. B. im obigen Fall die bloße Bitte der Tochter genügte, damit der Vater seinen Sekundanten schickte; er war ein sehr „vorwiegender", wenn im andern Fall der Ehemann sich nur auf die beharrlichen, planmäßigen Machenschaften der Frau hin zum Duell verstand.

Wir kommen nun zum zweiten der oben erwähnten Fälle:

b) der durch die Tötung Geschädigte hatte den Tötenden angestiftet.

Auch in diesem Fall haben beide für den Erfolg „entscheidende" Bedingungen gesetzt; und doch könnte man füglich hier zweifelhaft werden über das Bestehen eines Ersatzanspruchs des Anstifters. Denn man könnte versucht sein, hier, wenn auch cum grano salis, von der Schädigung eines Einwilligenden zu reden, oder doch von einem stillschweigend erteilten Verzicht des (mittelbar) Geschädigten auf den künftigen Deliktsanspruch. Indes solche „Einwilligungen" oder Verzichte entbehren als unsittlich von vorneherein der gesetzlichen Wirkung.

Ebensowenig vermag dies den Anspruch des Anstifters auszuschließen, daß, wenn der in concreto Getötete nur verletzt worden wäre, er selbst mit dem Angestifteten gehaftet hätte, denn auch dann hätte er, bei alleiniger Inanspruchnahme durch den Verletzten, einen (unverzichtbaren) Regreßanspruch gegen den Angestifteten gehabt, nach Maßgabe des § 254 (Vgl. o. S. 60 Anm. 1). Gerade nach dieser Maßgabe des § 254, m. a. W. nach Maßgabe der Intensität seiner Beteiligung (am eigenen Schaden) hat er auch jetzt einen direkten Anspruch gegen denselben. Gröber erwähnt den Fall *b* überhaupt nicht, dürfte aber, wenn er schon im Fall *a* den Ersatzanspruch versagt, dies hier erst recht tun. A. A. auch Cohn;[1] dieser gibt dem Beklagten in solchen Fällen einen „Einwand des ermangelnden ursächlichen Zusammenhangs", der den Klageanspruch gänzlich zur Abweisung bringen soll, denn „die Möglichkeit, daß der Schaden auch auf die Handlung des andern zurückgeführt werden könnte, ist nicht ausreichend". Diese Auffassung verwertet offenbar den Begriff der Unterbrechung des Kausalzusammenhangs, den wir mit Oertmann (zu § 254 1 a *β*) als wertlos verwerfen und durch den der „vorwiegenden Verursachung" im Sinn des § 254 ersetzen müssen. Danach ist also der Einwand des Beklagten höchstens geeignet, den Anspruch nach Maßgabe einer vorwiegenden Kausalität und nach den „Umständen" zur Abweisung zu bringen, wie oben ausgeführt worden ist.

Ein mitwirkendes Verschulden des ersatzberechtigten „Geschädigten" liegt, wie überall, selbstverständlich auch hier darin, daß er durch Verletzung der ihm obliegenden Fürsorgepflichten oder durch sonstige Fahrlässigkeit den Schaden vergrößerte.[2]

Der Einwand des § 254 kann regelmäßig nur gegenüber der Ersatzklage des persönlich in Culpa Befindlichen erhoben werden; ausnahmsweise gegenüber der Klage jedes, auch des nicht in Culpa befindlichen Ersatzberechtigten dann, wenn die mitwirkende Culpa die mitursächliche Betätigung des Beklagten so zurückdrängte, „daß von einer adäquaten Verursachung durch diese nicht mehr die Rede sein kann".[3]

§ 22. 3. Beeinträchtigung der Ansprüche der ersatzberechtigten Dritten durch Verschulden des „verletzten" Duellanten.

Abgesehen von der direkten Anwendung auf die Ersatzansprüche dieser Drittpersonen, findet — ungeachtet ihrer Selbst-

---

[1] Untersuchungen zu § 254 des B.G.B. bei Gruchot 43, S. 401.

[2] Vgl. die Lehrbücher, z. B. Enneccerus II § 462 Anm. 12.

[3] Oertmann zu § 254, Fall: 1. a. *β*. *ββ*.

ständigkeit[1] — auf sie § 254, gemäß Anordnung des § 846, auch eine bestimmte entsprechende Anwendung[2] und zwar in der Weise, daß für sie mindestens der gleiche Herabsetzungsquotient (wenn ich so sagen darf) gilt, wie für die Ansprüche, die der Verletzte selbst hat, resp. gehabt hätte, wenn er bloß verletzt worden wäre.

Diese Bestimmung erklärt sich aus der vom Gesetzgeber vorausgesetzten Solidarität der Familienangehörigen und mag hart erscheinen. Sie ist es aber jedenfalls dann nicht, wenn sie, wie wir meinen, den Richter nicht hindert, das mitwirkende Verschulden des „Verletzten" mit anderem, milderem Maße zu messen, wenn die des Ernährers beraubten Angehörigen desselben klagen, als wenn er selbst, der Schuldige, es tut. Für diese Erwägung spricht, daß wohl auch dieser Umstand unter den „Umständen" mitzuverstehen ist, die nach § 254 der Richter bei Festsetzung des Ersatzumfangs berücksichtigen soll.

---

[1] Daß es sich um selbständige in der Person dieser Dritten originär entstandene Ansprüche handelt, nicht um vom Getöteten resp. Verletzten abgeleitete, zeigt § 844_2, der sie ausdrücklich von vorneherein dem „Dritten" zuspricht; ein Anspruch, der aber jemandem nie zugestanden hat, kann auch von diesem nicht abgeleitet sein. Es folgt auch daraus, daß die aus der Tötung entstandenen Pflichten Pflichten zu „Schadensersatz" sind, (§ 844_2 gebraucht selbst diesen Ausdruck), nicht überbürdete Alimentationspflichten; denn, wie man selbst durch seine eigene Tötung keinen (juristischen) Schaden erleidet und daher auch nicht Träger eines Schadensersatzanspruches werden kann, kann man auch nicht Überträger eines solchen werden. Daher sagt auch die (bereits o. S. 59 Anm. 1 zitierte) R.G.E. 55 S. 31 mit Recht, daß der Anspruch keinesfalls „als bloßer Reflex eines für den Verletzten begründeten Rechts" anzusehen ist. So auch das französ. Recht mit spezieller Bezugnahme auf das Duell in der o. S. 27 wiedergegebenen Entscheidung des Kassationshofs.

[2] Das Wort „entsprechend" fehlt in § 846. Deshalb erscheint mir die Fassung des § 846 etwas unkorrekt. Wenn irgendwo im B.G.B., wäre hier eine entsprechende Anwendung anzuordnen gewesen. Denn, da es sich in den §§ 844, 845, wie unser § 846 ausdrücklich sagt, um „Schaden, den der Dritte

§ 23. III. Ersatzansprüche aus sonstigem Duellschaden.

Wir haben im Vorigen ausschließlich die Schadensersatzpflicht aus Körperverletzung und Tötung im Zweikampf zum Gegenstand unserer Untersuchung gemacht. Es ist nunmehr angebracht, in Kürze auch die Frage einer etwaigen Ersatzpflicht für sonstigen aus Anlaß eines Duells erwachsenen Schadens zu erwägen.

I. In Betracht kommt zunächst ein Schade, der zwar infolge des Duellierens, nicht aber speziell infolge einer Körperverletzung oder Tötung im Duell entstanden ist. Z. B. hat der Duellant gegen den Gegner Anspruch auf Entschädigung dafür, daß ihm, weil er sich geschlagen hat, seine Stellung (etwa als Erzieher) aus wichtigem Grund (B.G.B. § 626) gekündigt worden ist? Eine solche Schadensersatzpflicht glauben wir ganz entschieden ver-

---

erleidet", handelt, kann auch nur der Dritte der durch die Handlung Geschädigte im Sinn unserer Vorschrift sein. Sollte daher § 254, wie § 846 offenbar will, auf das Verhalten des zwar im medizinischen und im Sinn des täglichen Lebens, nicht aber im Sinn eben des § 254 „Geschädigten" Anwendung finden, so mußte diese Anwendung eine „entsprechende" sein. Unjuristisch war es daher ferner auch, diesen Geschädigten in § 846 als „Verletzten" zu bezeichnen, denn juristisch verletzt ist jedenfalls der Getötete nie (vgl. o. S. 63, Anm. 1). Indes sind dies natürlich alles nur Äußerlichkeiten, die über den wahren Sinn der Bestimmung keine Zweifel erzeugen können. Und doch wäre ohne sie m. E. der Irrtum der o. S. 59 Anm. 1 zitierten O.L.G.-Entscheidung nicht möglich geworden, denn dann wäre es zweifellos gewesen, daß neben dieser „entsprechenden" Anwendung des § 254 auch für eine unmittelbare Anwendung, bei mitwirkendem Verschulden des „Beschädigten", also des Dritten, Raum sein müsse. Darum sagt auch die dies Urteil aufhebende R.G.E. 55 S. 31, wie ich meine, zu Unrecht bezüglich der Tötung: die Gesetzesvorschrift des § 254 unterscheide nicht "zwischen einem unmittelbar und mittelbar Geschädigten", denn der „unmittelbar Geschädigte" d. h. der Getötete ist überhaupt nicht im Sinne des § 254 „Beschädigter". Es durfte daher auch nicht heißen (S. 31), Beschädigter im Sinn des § 254 sei „auch der aus § 844 (oder 845) Ersatzberechtigte", sondern nur dieser; der Getötete wird lediglich „entsprechend" behandelt.

neinen zu dürfen, mag auch der Geschädigte an der Entstehung des Duells noch so unschuldig sein. Schon die Annahme eines juristisch relevanten Kausalzusammenhangs zwischen dem Schaden des einen Duellanten und der bloßen Tatsache, daß der andre sich mit ihm in ein Duell einließ, ist äußerst bedenklich. Niemand wird sagen, daß Kündigung resp. Schädigung des einen Duellanten eine Folge davon sind, daß der andere sich mit ihm schlug, sondern jeder wird ohne weiteres annehmen, daß sie Folge seiner eigenen Einwilligung in das Duell sind; er allein hat sich seinen Schaden zugezogen, das Verhalten des andern ist hierbei juristisch unerhebliches Antezedens. Zudem fehlt auch jede eine Schadensersatzpflicht begründende Norm: § 823_1 kommt nicht in Betracht, da das Vermögen, um dessen Verletzung es sich hier handelt, kein Recht im Sinn dieser Bestimmung ist,[1] ebensowenig aber läßt sich § 823_2 in Verbindung mit den strafrechtlichen Duellnormen heranziehen; denn selbst wenn diese als im Interesse des Einzelnen erlassen anzusehen sind (darüber o. §§ 2, 3) sind sie nur Normen zum Schutze der Körperintegrität, keinesfalls solche zum Schutze des Vermögens.

II. Eng damit zusammen hängt die andere Frage, inwieweit der Forderer für vermögensrechtlichen Schaden haftet, den der andere dadurch erleidet, daß er auf diese Forderung nicht reagierte.

Solange nämlich der Zweikampf von einem großen und achtungswürdigen Teil der Rechtsgenossen nicht nur nicht als kulturnormwidrig, sondern im Gegenteil als unentbehrliches Mittel zur Bewährung der Ehre proklamiert wird, muß naturgemäß jede Duellablehnung eine gesellschaftliche Capitis Deminutio nach sich ziehen, die gegebenen Falls über die rein gesellschaftliche Seite hinaus auch materielle Interessen des Betroffenen in höchst empfindlicher Weise tangiert. So sehr nun der Gesetzgeber diesen rechtsfeindlichen Geist der Gesellschaft mißbilligen muß, so wenig ist er in der Lage, jede durch ihn diktierte Reaktion zu inhibieren. Nie wird er beispielsweise, um ein Gegenbeispiel zu dem oben erwähnten Fall zu bilden, verhindern können, daß

[1] So neuerdings v. Tuhr, Allgem. Teil I, S. 56.

jemand, der von der ehrenbeweisenden Kraft des Zweikampfs überzeugt ist, den Erzieher seines Sohnes im Fall einer Satisfaktionsverweigerung auf den nächsten zulässigen Termin entläßt[1] und ebensowenig, daß das Staatshaupt als Kontingentsherr — den eigentümlichen Dualismus einmal als Faktum hingenommen — den duellablehnenden Offizier verabschiedet. Es fragt sich dabei nur, ob der Geschädigte nicht wenigstens den Schaden auf den eigentlichen Urheber desselben, den Provokanten, abwälzen kann. Freilich die Verletzung eines Rechts i. S. von 823_1 liegt, wie ad I gesagt, in dieser ebensowenig wie in einer andern Schädigung der Vermögenslage im Ganzen. Dagegen böte sich in concreto die Möglichkeit der Berufung auf § 201 Str.G.B. als Schutzgesetz i. S. von § 823_2; doch ist diese auch hier aus ähnlichen Erwägungen, wie sie ad I dargelegt wurden, von der Hand zu weisen. Ist nämlich, wie wir annehmen, das Zweikampfdelikt Delikt gegen die Körperintegrität, dann wird auch das in § 201 Str.G.B. ausgesprochene Verbot schwerlich dem Schutz eines andern Rechtsguts zu dienen bestimmt sein. Leichter wird geneigt sein, die fragliche Vermögensschädigung dem Schutz des § 823_2 zu unterstellen, wer den Grund der Zweikampfbestrafung mehr in der sozialen Bedeutung der Tat erblickt. Damit ist nämlich die Auffassung wohl vereinbar, dass der Gesetzgeber durch die Bestrafung der Herausforderung in § 201 den Geforderten zugleich gegen a l l e Folgen seines Festhaltens am Gesetz in Schutz nehmen wollte.

Doch ist dies Ergebnis weit davon entfernt bedenkenfrei zu sein. Zu einem sichereren Resultat gelangt man mit Hilfe des § 826. Er bietet freilich nur in den krassesten Fällen eine Handhabe. Seine Anwendung ist zudem dadurch erschwert, daß nach Wortlaut der Bestimmung der Handelnde die Schadenszufügung speziell in seinen Vorsatz aufgenommen haben muß; doch genügt nach allgemeiner Ansicht[2] auch der dolus eventualis, der sich in

---

[1] Allerdings einen „wichtigen Grund" zur v o r z e i t i g e n Kündigung i. S. von § 626 kann darin der Gesetzgeber, ohne mit sich selbst in Widerspruch zu geraten, nicht erblicken.

[2] Vgl. Oertmann zu § 826, 2 b.

den in Betracht kommenden Fällen eher wird erweisen lassen. Auf diese Weise wäre es allenfalls möglich, dem um seine Stellung gekommenen Offizier zum Schadensersatz zu verhelfen. Nicht so einfach würde sich die Heranziehung des § 826 in dem obigen Fall des Erziehers gestalten. Vollends beginnen die Zweifel zu wogen, wenn der Geforderte, etwa ein höherer Beamter, ohne, wie der Offizier, dazu gezwungen zu sein, im Gefühl seiner nunmehrigen „Unmöglichkeit", also freiwillig, seinen Abschied nimmt. Hier ist es schon fraglich, ob überhaupt noch juristisch relevanter Kausalzusammenhang vorliegt, m. a. W. ob nicht durch das willkürliche Verhalten des Geforderten der kausale Anteil des Forderers am Erfolg vernichtet worden ist. Wir möchten in diesem Fall eher der Verneinung des Kausalzusammenhangs das Wort reden, weil der Geforderte hier (im Gegensatz zum Offizier[1]) im Grunde nur vor einem gesellschaftlichen Vorurteil kapitulierte.[2] Doch versäumen wir nicht auf eine äußerst bedenkliche Konsequenz unserer Auffassung hinzuweisen; wir müßten nämlich danach selbst in dem Fall, wo es der Provokant mit seiner Forderung im Endeffekt gar nicht auf die Herbeiführung eines Duells angelegt hatte, er dieselbe vielmehr in niederträchtiger Spekulation auf die duellfeindliche Gesinnung des andern lediglich zum Zwecke der Herbeiführung der betreffenden Folge erließ, Haftungsfreiheit eintreten lassen. Ein wenig ergötzliches Resultat!

§ 23. Anhang: Eigenartige und scheinbare Duelle.

I. Eigenartige Duelle.

1. Duelle deliktsfähiger Personen sind stets juristisch als Duelle aufzufassen und zu behandeln, selbst in Fällen, wo der Sprachgebrauch des täglichen Lebens den Ausdruck, mit Rücksicht auf die Eigenart der Umstände, nicht oder doch nur mit

[1] Auch wenn dieser in solcher Situation „freiwillig" seinen Abschied nimmt, gehorcht er angesichts des im Heer durchgeführten Duellzwangs offenbar der Not und nicht dem eigenen Trieb.

[2] Vgl. Krückmann, Verschuldensaufrechnung etc. i. Jherings Jahrb. 55, S. 89: „Alle Kausalitätstheorien scheitern an einem: an dem Recht der Persönlichkeit und der Pflicht, Persönlichkeit zu sein!"

ironischer Pointierung anwenden würde. Ein Typus dessen, was hier gemeint ist, bildet folgender Fall, der vor einiger Zeit durch die Blätter ging: danach beschlossen zwei kaum mannbare Gymnasiasten, die wegen ihrer „Flamme" in Streit geraten waren, nach einer durch das Los bestimmten Reihenfolge auf einander loszuschießen; daß der ganze sonstige, bei Duellen übliche Apparat fehlte, hindert strafrechtlich ein Duell nicht, da ja Str.G.B. § 208 ausdrücklich ein Duell ohne Sekundanten anerkennt, wenn nur die wesentliche Voraussetzung, die Doppelvereinbarung, gegeben ist. Da diese in concreto gegeben vorliegt, hängt alles davon ab, ob der Richter den beiden bezüglich der von ihnen begangenen Handlung „die zur Erkenntnis ihrer Strafbarkeit" (Str.G.B. § 56), resp. „der Verantwortlichkeit" (B.G.B. § 828_2) „erforderliche Einsicht" zutraut. Tut er dies, so ist auch dies Kinderduell strafrechtlich wie zivilrechtlich gleich einem normalen Duell zu behandeln. Tut er dies nicht und gilt demnach der Schädiger im Sinn von § 828_2 als deliktsunfähig, z. B. weil der gemütliche Zustand die Grenze des Krankhaften erreichte, so kann gleichwohl[1] eine Haftung nach § 829 insoweit statuiert werden, „als die Billigkeit nach den Umständen, insbesondere nach den Verhältnissen der Beteiligten, eine Schadloshaltung erfordert", das heißt aber nicht nur nach den Verhältnissen, sondern auch nach den Umständen, demnach meinen wir, in Fällen wie dem unsern, vor allem unter Zugrundelegung ähnlicher Erwägungen, wie sie maßgebend wären, wenn die Betreffenden die volle Schuldfähigkeit besäßen, insbesondere unter Berücksichtigung eines Verhaltens, das von Seiten eines Zurechnungsfähigen konkurrierendes Verschulden wäre.

Es kann demnach gegen einen Deliktsunfähigen „nach den Umständen" gemäß § 829 zu einem gleichen Urteil kommen, wie gegen einen Deliktsfähigen gemäß § 254.

---

[1] „Sofern der Ersatz des Schadens nicht von einem aufsichtspflichtigen Dritten erlangt werden kann" (darüber u. S. 69) und cum beneficio competentiae.

2. Bei allen Duellen Minderjähriger, mögen sie deliktsunfähig oder auch deliktsfähig sein, kommt außerdem nach § 832 eine Haftung des gesetzlich oder vertragsmäßig Aufsichtspflichtigen in Frage, insbesondere des Vaters (§ 1631) und des Vormunds (§ 1800); sie besteht unbeschadet des Exkulpationsbeweises, wird also nur praktisch, wenn der Aufsichtspflichtige durch Gebrauch seiner Aufsichtsgewalt das Duell wirklich hindern konnte.

Die Haftung ist, falls sie neben der des Aufsichtsbedürftigen besteht, Solidarhaftung gemäß § 840_1, wobei, falls der letztere deliktsfähig ist, im Innenverhältnis allein er den Schaden trägt, während, wenn er nach § 829 haftet, umgekehrt er gegen den Aufsichtspflichtigen Regreß hat.

II. Zum Schluß seien nunmehr einige Arten blutiger Austragung von Ehrenhändeln zivilistisch untersucht, die nur dem Namen, nicht aber der Sache nach Duelle sind.[1]

1. Das sog. amerikanische Duell ist kein Zweikampf, weil ein Kampf fehlt. Es ist lediglich, wie Olshausen[2] sagt, ein „Würfelspiel ums Leben", bei welchem die Gegner auslosen, wen von ihnen die Ehrenpflicht trifft, sich selbst zu töten. Strafrechtlich ist es nach ganz überwiegender Auffassung Anstiftung zum Selbstmord[3] und als solche straflos; denn nach Str.G.B. ist die Anstiftung als

---

[1] Die sog. Bestimmungsmensur ist bereits o. S. 46 ausführlich besprochen; sie gehört schon deshalb nicht an diese Stelle, weil sie nicht der Austragung von Ehrenhändeln dient, sondern der bloßen Übung.

[2] Zu § 201 N. 4.

[3] So statt aller v. Liszt, Lehrb. S. 329 (vgl. im übrigen die Zitate bei Olshausen zu § 201 N. 4) A. A. nur Binding, Lehrb. I, S. 26 und Kohler (zitiert bei Binding ibid. Note 3). Binding nimmt Mord an, weil der Gewinnende dadurch, daß er den Täter an dessen Ehrenwort hält, die Tötung erzwingt. So stark darf man aber juristisch den Zwang des Ehrenwortes nicht werten. Diskutabler ist schon die Ansicht von Kohler, der Tötung eines Einwilligenden annimmt; aber auch sie scheitert an der lex lata (s. u.)

Teilnahme an der Tat eines andern, nicht als mittelbare Selbstverursachung strafbar, die Tat aber, an der in concreto teilgenommen wird, der Selbstmord, ist straflos. Diese prinzipiell akzessorische Natur der Anstiftung zwingt, wie v. Liszt[1] sagt, die strafrechtliche Theorie, zwischen der Handlung des Anstifters und dem Erfolg der Tat eine Unterbrechung des Kausalzusammenhangs anzunehmen.

Von dieser auch sonst (z. B. gerade von v. Liszt) als lästig empfundenen Konsequenz befreit uns das B.G.B. in § 830. Nach Zivilrecht können und müssen wir m. E. auf den allgemeinen Ursachenbegriff zurückgehen. Dieser ergibt beim amerikanischen Duell eine prinzipielle Haftung des gewinnenden Duellanten als des Mitverursachers, ja als des eigentlichen intellektuellen Urhebers der Tötung.[2]

So ist das amerikanische Duell zivilrechtlich, was es strafrechtlich nach geltendem deutschen Recht nicht ist, aber nach allgemeiner Meinung[3] *de lege ferenda* sein sollte: ein Delikt.

---

[1] Lehrb. S. 276 ff.

[2] Wenn Krückmann a. a. O. S. 88 auch in dem Fall, wo der Selbstmörder „unter unwiderstehlichem psychologischem Zwang gehandelt hat“, den Kausalzusammenhang verneint, „weil der Selbstmörder vorsätzlich eine Eigenbewegung setzte, die er nicht zu setzen brauchte“, so ist dieser Standpunkt sehr oft, aber nicht in allen Fällen der richtige. Er ergibt allerdings eine billige Entscheidung in dem von Krückmann gegebenen Beispiel, wo jemand „in teuflischer Bosheit einen jungen Offizier beschimpfend mißhandelt, in der Absicht, ihn dadurch zum Selbstmord zu bringen“; vgl. auch unsere Entscheidung o. S. 67, die ebenfalls auf dieser Krückmann'schen Anschauung fußt. Hier überall fehlt die eigentliche „Beherrschung der Fremdbewegung“ im Sinn der Krückmann'schen Terminologie. Anders jedoch liegt die Sache u. E. bei dem (von Krückmann nicht erwähnten) amerikanischen Duell; hier verleiht der Druck des Ehrenworts, den der Gewinnende auf den Selbstmörder geladen hat, dem Ersteren eine wirkliche Herrschaft über den Kausalzusammenhang, was natürlich nicht ausschließt, auch die (hier sehr hervorragende) Mitverursachung des Verletzten bei der Bemessung des Ersatzes nach § 254 zu berücksichtigen. S. u. Text.

[3] Vgl. Gerland S. 520 ff.

Bei der Festsetzung der Schadensersatzansprüche Dritter aus diesem Delikt ist gemäß . § 846 (nicht direkt) das mitwirkende Verschulden des Gestorbenen nach § 254 zu berücksichtigen. Dies ist hier von besonderer Wichtigkeit, weil beim amerikanischen Duell der Tod physiologisch von dem, der sich selbst entleibte, natürlich „vorwiegend verursacht" ist; doch modifizieren auch hier die „Umstände", insbesondere das Verschulden bei Entstehung des „Gesamttatbestandes", das so gewonnene Resultat, genau wie beim eigentlichen Duell.

2. Kein Duell ist ferner, weil bei ihm ebenfalls das unterscheidende Merkmal des Kampfes fehlt, das sog. Duell „aus dem Sack", bei dem in einen Sack je eine geladene und eine ungeladene Pistole gelegt werden, welche die Duellanten herausziehen und zugleich auf einander abdrücken.

Nichtsdestoweniger treffen darauf zivilrechtlich die gleichen Grundsätze wie beim richtigen Duell zu. Während man freilich bei diesem noch Zweifel hegen konnte, ob wirklich Einwilligung in die Verletzung gegeben sei, weil ja, wie die Gegenmeinung sagt, jeder all seine Kräfte anspanne, um eine Verletzung seiner Person zu hindern[1], sind hier solche Einwände von vorneherein hinfällig. An dem Vorhandensein der Einwilligung ist nicht zu zweifeln, nur ist sie hier ebensowenig wirksam wie beim eigentlichen Duell; allerdings, da es sich hier nicht um Zweikampf im Sinn des Str.G.B. handelt, nicht auf Grund der Strafbarkeit und Nichtigkeit der Duellvereinbarung, sondern der Strafbarkeit der Tötung des Einwilligenden und der daraus zu folgernden Nichtigkeit der Einwilligung in die eigene Tötung.

3. Kein Zweikampf ist ein verabredeter Kampf, bei welchem mehr als zwei kämpfen, etwa zwei zu zwei. Hier haftet jeder für die von ihm verursachten Verletzungen aus ähnlichen Erwägungen wie beim Duell, nur wird für diesen allerdings mehr theoretischen Fall § 830 Abs. 1 Satz 2 besonders bedeutsam, wonach solidarische Haftung stattfindet, „wenn sich

---

[1] Näheres o. S. 13 ff.

nicht ermitteln läßt, wer von mehreren Beteiligten den Schaden durch seine Handlung verursacht hat". Unter den „mehreren Beteiligten" sind nämlich hier, wie Enneccerus[1] sagt, diejenigen zu verstehen, welche mitgewirkt haben „bei der Tätigkeit, welche zunächst nur eine Gefährdung hervorruft, aber in ihrer weiteren Entwicklung zu der den Schaden unmittelbar bewirkenden Handlung geführt hat"; solche Tätigkeit ist aber unser konstruierter Viererkampf.

4. Kein Zweikampf, weil kein vereinbarter Kampf, ist die sog. Attacke, d. h. der „Angriff unter Aufruf zur Gegenwehr". (Olshausen zu § 201 N. 69.) Die Verletzungen, die der Attackierte dem andern beibringt, entbehren als Notwehrhandlungen der Widerrechtlichkeit, während für diejenigen, die er selbst erleidet, der Attackierende in vollem Umfang haftet; denn da hier die Duellvereinbarung entfällt, entfällt auch das darin liegende Mitverschulden des Verletzten. Freilich ist ein solches in andrer Beziehung auch hier möglich und insbesondere in einer heftigen Provokation[2] zu erblicken.

5. Kein Zweikampf im Sinn des Str.G.B. ist ein Kampf mit uneigentlichen Waffen, das heißt mit Angriffsmitteln, die nicht Waffen im technischen Sinn sind, wofür Binding (Lehrb. I. S. 69) als Beispiele anführt „einen vereinbarten Kampf mit Schaufeln, Wagendeichseln oder Brecheisen", ebensowenig ist Zweikampf ein vereinbarter Kampf mit Stöcken;[3] hierher gehört auch der ebenfalls tatsächlich vorgekommene Fall eines zwischen Schmieden ausgefochtenen „Zweikampfs" mit Hämmern.[4]

---

[1] Lehrbuch § 458 I 3 a.

[2] Dafür, daß auch Provokation ein Mitverschulden darstellt, Oertmann zu § 846 1 b. Vgl. auch eine interessante Entscheidung des schweizer. Bundesgerichts Bd. 23, S. 1717 (der amtl. Sammlung).

[3] So eine Entscheidung des Appellhofs Lüttich v. 24. Febr. 1843, zit. Pand. franç. Vo. Duel N. 162. Anders sprach noch Preuss. Allg. Ldr. von „einem sich auf den Stock oder andere minder gefährliche Werkzeuge herausfordern und schlagen."

[4] Der Fall ist bekanntlich durch den Dichter François Coppée in seiner Ballade „*la grève des forgerons*" verherrlicht worden, allein nach der Gestaltung, die hier dem Stoff gegeben ist, liegt, selbst ab-

Solche Kämpfe sind an sich straflos. Verletzungen darin beurteilen sich strafrechtlich und ebenso auch zivilrechtlich danach, ob man der auch hier, wie beim Duell, anzunehmenden Einwilligung in die (eventuelle) Verletzung Wirksamkeit beilegen darf. Nach der in dieser Abhandlung (o. § 7) vertretenen Zitelmann'schen Auffassung der Einwilligung darf man es nicht, m. a. W. auch hier ist die Einwilligung nichtig, zwar nicht wie beim Zweikampf im eigentlichen Sinn nach § 134, da hier die Kampfvereinbarung als solche straflos bleibt, sondern nach § 138 als sittenwidrig. Sittenwidrig ist nämlich nach Zitelmann (a. a. O. S. 80) die Einwilligung in die Körperverletzung, „wenn sie nicht nach unsern rechtlich-ethischen Anschauungen durch ihren Zweck gerechtfertigt wird"; als rechtfertigender Zweck kann aber nicht gelten ein Zweikampf, den als „unkommentmäßig" nicht einmal die Gesellschaft als taugliche Ehrensühnung anerkennt.[1]

gesehen von den Mängeln der Waffen, nicht Zweikampf, sondern Attacke vor, da dem andern der Kampf aufgenötigt wird. Dies anerkennt übrigens sogar der Held der Dichtung, denn er sagt gegen Schluß selbst zu seinen Richtern:

„*Je ne voudrais pas vraiment qu'on chicanât*
et qu'on prît pour un duel un simple assassinat."

Er haftete somit nach deutschem Recht gemäß § 844 B.G.B. den Kindern des Erschlagenen, wobei höchstens das provozierende Verhalten des andern als mitwirkendes Verschulden gemäß § 846 einigermaßen mildernd in Betracht käme.

[1] Dies im Gegensatz zum Duell i. e. S., wo, wie wir ja sahen, angesichts der hier waltenden Zweifel über die Strafauffassung die Leugnung der Sittenwidrigkeit und damit der Unwirksamkeit der Einwilligung wenigstens diskutabel war.

FSC
www.fsc.org
MIX
Papier | Fördert
gute Waldnutzung
FSC® C083411

Kolibri 360 GmbH
Ferdinand-Jühlke-Straße 7
99095 Erfurt, Deutschland
produktsicherheit@kolibri360.de